Widmung

An alle echten Führungskräfte in echten Organisationen, die auf der ganzen Welt echte Arbeit leisten.

Dieses Buch ist Ihnen gewidmet - den unbesungenen Helden in den Korridoren von Unternehmen, gemeinnützigen Organisationen, Regierungsbehörden und Gemeinschafts - Organisationen. Sie navigieren durch das komplexe Geflecht menschlicher Dynamiken, treffen schwierige Entscheidungen im Schatten der Ungewissheit und führen mit Widerstandsfähigkeit angesichts unerbittlicher Herausforderungen.

Sie sind die Taktiker, die Ehrgeiz mit Pragmatismus, Ethik mit Notwendigkeit und Visionen mit den harten Realitäten des Tagesgeschäfts in Einklang bringen. Ihre Führung folgt vielleicht nicht immer den Idealen aus dem Lehrbuch, aber sie ist geprägt von den echten Erfahrungen und schwierigen Entscheidungen, die die reale Welt ausmachen.

In einer Landschaft, die oft von großen Erzählungen und charismatischen Persönlichkeiten überschattet wird, bleibt Ihre Arbeit oft unbemerkt. Dabei sind es Ihre Hingabe, Ihre stille Entschlossenheit und Ihr unermüdliches Engagement, die den Fortschritt, die Innovation und den sinnvollen Wandel wirklich vorantreiben.

Wir feiern Ihre Authentizität, Ihre Hartnäckigkeit und Ihren Mut, nicht nur mit Worten, sondern mit Taten zu führen. Sie sind die wahren Change Maker, die unbesungenen Strategen und die wahre Verkörperung von Führung in Aktion.

Dieses Buch ist eine Hommage an Ihre Reise, eine Anerkennung Ihrer Kämpfe und eine Feier Ihrer Erfolge, ganz gleich wie groß oder klein sie sind. Mögen Ihre Geschichten inspirieren, Ihre Weisheit aufklären und Ihre Führungsqualitäten weiterhin einen tiefgreifenden Einfluss auf die Welt ausüben.

Vorwort

Als jemand, der in den letzten 30 Jahren zwischen der akademischen Welt und der Praxis hin und her gependelt ist, habe ich ein vielfältiges Terrain durchquert, das sich über Branchen wie Beratung, Gesundheitswesen, Technologie und Banken erstreckt. In diesen verschiedenen Sektoren waren meine Rollen ebenso vielfältig - von einem wissenschaftlichen Mitarbeiter zu einem Berater, von einem Direktor zu einem Geschäftsführer und von einem einzelnen Mitarbeiter zu einem Teamleiter. Auf meinem akademischen Weg habe ich parallel zu meiner beruflichen Laufbahn zahlreiche Kurse zum Thema Führung gehalten. Dieses Buch, "Die Ungeschminkte Führungskraft", ist ein Höhepunkt dieser umfassenden Reise und bietet eine kritische Reflexion über die Kluft, die zwischen der tatsächlichen Praxis der Führung und der Kunst, diese zu lehren und zu erforschen, besteht.

Über Führung zu schreiben und Vorträge zu halten ist eine Sache, diese Grundsätze in die Tat umzusetzen eine ganz andere. Es ist demütigend, sich einzugestehen, wie unglaublich schwierig es ist, das zu praktizieren, was wir predigen. Führung, so habe ich verstanden, ist kein Ziel, sondern eine Reise - ein kontinuierlicher Prozess, der ein lebenslanges Lernen, Verlernen und Umlernen erfordert. Diese Erkenntnis war sowohl ernüchternd als auch erhellend.

Dieses Buch richtet sich an alle, die an der Schnittstelle von Forschung und Praxis arbeiten. Es spricht den Kern des laufenden Gesprächs zwischen dem, was wir theoretisieren, und dem, was wir in der täglichen Führungspraxis erleben, an. Es richtet sich an den Wissenschaftler, der seine Forschung relevant und praxisnah gestalten möchte, an den Praktiker, der seinen Führungsansatz auf eine solide Theorie stützen möchte, und an den Laien, der oft von den abstrakten Prinzipien der Führung verwirrt ist und sich nach einer direkten, praktischen und unmittelbar anwendbaren Anleitung sehnt.

Auf diesen Seiten werden Sie keine hochtrabenden Ideale oder unerreichbare Standards finden. Stattdessen werden Sie die ungeschminkten Wahrheiten über Führung erfahren - die Art von Führung, die selten in Hörsälen oder Vorstandsetagen diskutiert wird. Dieses Buch ist eine Einladung zu einem offenen und ehrlichen Dialog darüber, was es wirklich bedeutet, zu führen - mit all seinen Komplexitäten, Herausforderungen und Belohnungen.

Ich hoffe, dass "Die Ungeschminkte Führungskraft" eine Brücke zwischen Theorie und Praxis schlägt und Einsichten bietet, die sowohl bei Forschern als auch bei Praktikern Anklang finden. Dieses Buch richtet sich an alle, die schon einmal frustriert waren, weil sie versucht haben, abstrakte Führungsprinzipien auf die konkreten Gegebenheiten ihrer Arbeit anzuwenden. Es ist ein Leitfaden für effektiveres Führen, nicht in der idealisierten Welt der Lehrbücher, sondern in der unvorhersehbaren, oft chaotischen Welt des wirklichen Lebens.

Willkommen zu einer Reise in das Herz der wahren Führung.

Thomas P Huber, PhD MS ECS

Einführung

Um die Kluft zwischen konventionellem Führungswissen und der Realität zu überwinden, bedarf es einer ehrlichen Bewertung der Diskrepanzen zwischen den idealisierten Konzepten, die in Lehrbüchern und Seminaren gelehrt werden, und den oft komplexen, unvorhersehbaren Erfahrungen von Führungskräften in realen Szenarien.

Herkömmliche Führungsweisheiten, die tief in akademischen Theorien und Fallstudien verwurzelt sind, zeichnen in der Regel ein Bild von Führung als strukturiertem, geordnetem Prozess. Es werden Modelle und Strategien als universell wirksam dargestellt, die einen klaren Weg zum Erfolg vorgeben. In dieser idealisierten Sichtweise wird Führung oft als eine lineare Reise gesehen, bei der richtige Entscheidungen immer zu positiven Ergebnissen führen und die Eigenschaften einer effektiven Führung klar definiert und statisch sind.

Die Realität der Führung ist weitaus nuancierter und weniger vorhersehbar. Die reale Welt der Führung ist voller unvorhergesehener Herausforderungen, komplexer zwischenmenschlicher Dynamiken und der Notwendigkeit, Entscheidungen in Situationen zu treffen, in denen es keine eindeutige richtige Antwort gibt. Führungskräfte müssen oft durch die trüben Gewässer der Organisationspolitik navigieren, sich mit ethischen Dilemmas auseinandersetzen, für die es keine Lehrbuchlösungen gibt, und sich mit den Folgen ihrer Entscheidungen für eine Vielzahl von Interessengruppen auseinandersetzen.

Diese Divergenz zwischen Theorie und Praxis verdeutlicht die Grenzen traditioneller Führungsmodelle, wenn sie auf das dynamische, oft chaotische Umfeld realer Organisationen angewendet werden. In der Praxis erfordert eine wirksame Führung oft eine Mischung von Kompetenzen, die über die konventionellen Weisheiten hinausgehen, wie emotionale

Intelligenz, Anpassungsfähigkeit und politischer Scharfsinn. Diese Fähigkeiten sind für die Bewältigung der Komplexität von Führungsaufgaben in der Praxis von entscheidender Bedeutung, stehen jedoch nicht immer im Mittelpunkt der traditionellen Führungsausbildung und -literatur.

Diese Diskrepanz unterstreicht die Bedeutung des Kontexts für die Führung. Was in einer bestimmten Situation oder für eine bestimmte Führungskraft funktioniert, ist in einer anderen möglicherweise nicht effektiv. Die Fähigkeit, den eigenen Führungsstil an die spezifischen Bedürfnisse einer Situation oder Organisation anzupassen, ist oft wertvoller als die starre Befolgung etablierter Modelle.

Diese Kluft zu verstehen und anzuerkennen, ist für jeden, der eine wirksame Führung anstrebt, von entscheidender Bedeutung. Es geht darum, zu erkennen, dass Führungstheorien zwar wertvolle Rahmen und Leitlinien bieten, die Kunst der Führung aber auch die Fähigkeit beinhaltet, Unsicherheiten zu bewältigen, unter Druck schwierige Entscheidungen zu treffen und kontinuierlich zu lernen und sich an neue Herausforderungen und Umgebungen anzupassen. Diese praxisnahe Perspektive auf die Führung ist für die Vorbereitung aktueller und künftiger Führungskräfte auf die Komplexität und die Anforderungen der Führung in den sich ständig verändernden Organisationslandschaften von heute unerlässlich.

Traditionelle Erzählungen über Führung, die in akademischen Lehrplänen und beruflichen Weiterbildungsprogrammen tief verwurzelt sind, stellen Führung oft als einen klar definierten, fast formelhaften Prozess dar. Diese Erzählungen sind reich an Modellen idealer Führung, in denen Führungskräfte als Vorbilder für Tugenden wie Entschlossenheit, Integrität und visionäres Denken dargestellt werden. Sie suggerieren, dass effektive Führung das Ergebnis der Einhaltung bestimmter Prinzipien und Verhaltensweisen ist, die, wenn sie richtig angewendet werden, Erfolg und organisatorische Harmonie garantieren.

Die realen Erfahrungen von Führungskräften zeichnen ein ganz anderes Bild. In den Schützengräben des Unternehmenslebens geht es bei der Führung selten darum, einem festen Drehbuch zu folgen. Es geht darum, sich durch Komplexitäten und Unklarheiten zu navigieren, die kein Lehrbuch vollständig erfassen kann. Führungskräfte finden sich oft in Szenarien wieder, in denen die Regeln nicht eindeutig sind, in denen Entscheidungen mit Abwägungen verbunden sind und in denen die Ergebnisse ungewiss sind. Die Realität von Budgetbeschränkungen, widersprüchlichen Interessen der Beteiligten und die sich ständig verändernde Marktdynamik machen das Führen zu einem Prozess, der weit von dem in den Führungstheorien beschriebenen geordneten Ablauf entfernt ist.

Die menschliche Komponente der Führung - der Umgang mit unterschiedlichen Persönlichkeiten, das Ausbalancieren der Teamdynamik und das Ausbalancieren unterschiedlicher (und manchmal gegensätzlicher) Interessen - fügt eine weitere Ebene der Komplexität hinzu. Die idealisierte Führungskraft, die immer die Kontrolle hat und immer weise ist, hat in Wirklichkeit oft mit Selbstzweifeln zu kämpfen, muss Kompromisse eingehen und aus Fehltritten lernen.

Diese Diskrepanz verdeutlicht eine grundlegende Wahrheit über Führung: Sie ist ebenso sehr eine Kunst wie eine Wissenschaft. Während die Theorien und Modelle eine notwendige Grundlage bilden, erfordert effektive Führung auch Intuition, Einfühlungsvermögen und die Flexibilität, den eigenen Stil an die jeweilige Situation anzupassen. Dazu gehört das Verständnis der einzigartigen Kultur und Dynamik jeder Organisation und die Fähigkeit, diese mit Selbstvertrauen und Bescheidenheit zu bewältigen.

Bei der Anerkennung dieser Diskrepanzen geht es nicht darum, die traditionellen Erzählungen über Führung zu diskreditieren, sondern sie zu bereichern und in der Realität der täglichen Führungsherausforderungen zu verankern. Diese Perspektive bietet eine realistischere und nachvollziehbarere Sichtweise dessen, was es bedeutet, zu führen, und vermittelt aktuellen und angehenden Führungskräften Erkenntnisse, die direkt auf die komplexe, oft unvorhersehbare Welt der Unternehmensführung anwendbar sind.

Bei der Bekämpfung von Mythen im Bereich der Führung geht es darum, einige der am weitesten verbreiteten und dennoch irreführenden Mythen, die sich in diesem Bereich hartnäckig halten, zu hinterfragen und zu dekonstruieren. Diese Mythen, die oft durch traditionelle Lehren und die Populärkultur aufrechterhalten werden, können unrealistische Erwartungen wecken und wirksame Führungspraktiken behindern. Zwei der bekanntesten Mythen sind die Vorstellung von der unfehlbaren Führungskraft und der Glaube an einen linearen Weg zum Erfolg.

Der Mythos der unfehlbaren Führungskraft: Dieser Mythos propagiert die Vorstellung, dass effektive Führungskräfte immer zuversichtlich sind, sich nie irren und stets die richtigen Entscheidungen treffen. Er zeichnet ein Bild von Führung als eine Reise ohne Fehler und Zweifel. Die reale Welt der Führung ist jedoch weit von diesem makellosen Ideal entfernt. Führungspersönlichkeiten sind Menschen, und wie jeder andere Mensch sind sie anfällig für Fehler und Fehleinschätzungen. Der entscheidende Unterschied liegt darin, wie sie auf diese Fehler reagieren. Beispiele aus der Praxis zeigen, dass die effektivsten Führungskräfte diejenigen sind, die ihre Fehler eingestehen, aus ihnen lernen und diese Erfahrungen nutzen, um ihre Entscheidungs- und Problemlösungsfähigkeiten zu verbessern. Indem wir diesen Mythos entlarven, unterstreichen wir die Bedeutung von Bescheidenheit, kontinuierlichem Lernen und Widerstandsfähigkeit in der Führung.

Der Mythos vom linearen Weg zum Erfolg: Eine weitere verbreitete Vorstellung ist, dass der Erfolg einer Führungskraft ein geradliniger Weg ist, auf dem man Schritt für Schritt, ohne Rückschläge oder Umwege, die Leiter hinaufklettert. In Wirklichkeit ist der Weg zur Führungskraft oft nicht linear, sondern voller unerwarteter Wendungen. Viele erfolgreiche Führungskräfte mussten erhebliche Herausforderungen, Misserfolge und sogar Karrierewechsel bewältigen, bevor sie ihre

Position erreichten. Diese Geschichten aus dem wirklichen Leben zeigen, dass Erfolg in der Führung mehr mit Anpassungsfähigkeit, Ausdauer und der Fähigkeit zu tun hat, durch Ungewissheit und Wandel zu navigieren, als einem vorgegebenen, zielsicheren Weg zu folgen.

Indem wir uns mit diesen Mythen auseinandersetzen und sie mit Erfahrungen und Erkenntnissen aus der Praxis kontrastieren, wollen wir ein genaueres und glaubwürdigeres Bild von Führung vermitteln. Dieser Ansatz schafft nicht nur realistischere Erwartungen für angehende Führungskräfte, sondern vermittelt auch wertvolle Lektionen über die Qualitäten und Strategien, die für eine effektive Führung wirklich wichtig sind. Die Erkenntnis, dass Führung bedeutet, sich Herausforderungen zu stellen und diese zu bewältigen, und dass sie eine Reise des ständigen Wachstums und der Anpassung ist, ist für jeden, der sein Führungspotenzial entwickeln will, von entscheidender Bedeutung.

Der Einfluss von Medien und Literatur auf unser Verständnis von Führung ist tiefgreifend und weitreichend. In diesen Medien wird Führung oft in einer Weise dargestellt, die die öffentliche und berufliche Wahrnehmung erheblich prägt, manchmal in einer Weise, die der Realität entspricht, oft aber auch in einer Weise, die die Komplexität der tatsächlichen Führungsaufgaben verzerrt oder zu sehr vereinfacht.

In der Literatur werden Führungspersönlichkeiten häufig unter dem Aspekt des Heldentums und der Erhabenheit dargestellt. Charaktere in Führungspositionen werden oft idealisiert und verkörpern Eigenschaften wie unerschütterlichen Mut, unfehlbare Weisheit und außergewöhnliche moralische Stärke. Diese Darstellungen können zwar inspirierend sein, aber sie können auch unrealistische Maßstäbe setzen. Sie suggerieren, dass wahre Führungspersönlichkeiten geboren und nicht gemacht werden und dass sie von Natur aus über eine seltene Reihe außergewöhnlicher Eigenschaften verfügen. Diese Sichtweise übersieht die Entwicklung, die Anstrengung und das Lernen, die in der realen Welt der Führung entscheidend sind.

Auch in Film und Fernsehen werden Führungspersönlichkeiten oft als charismatisch, entschlossen und unbestechlich dargestellt. Sie werden gezeigt, wie sie wichtige Entscheidungen schnell, mit einer klaren Vision und ohne Zweifel oder Rücksprache treffen. Dies ist zwar eine fesselnde Erzählung, vereinfacht aber den Entscheidungsprozess zu sehr und spielt den Wert der Zusammenarbeit, der Überlegungen und der oft schwierigen Realität des Umgangs mit widersprüchlichen Interessen und Standpunkten herunter.

In den Nachrichtenmedien kann die Darstellung von Führungskräften ebenso verzerrt sein. Führungspersönlichkeiten werden häufig entweder gelobt oder verunglimpft, wobei den Nuancen und der Komplexität ihrer Rolle wenig Beachtung geschenkt wird. Die Fokussierung auf sensationelle Geschichten und Schlagworte kann das Verständnis der Öffentlichkeit davon, was effektive Führung bedeutet, verzerren, indem dramatische Aktionen oder Erklärungen gegenüber der stetigen, täglichen Arbeit der Leitung und Führung von Organisationen in den Vordergrund gestellt werden.

Die kumulative Wirkung dieser Darstellungen ist erheblich. Sie prägen die Erwartungen daran, wie Führung aussehen sollte, und beeinflussen angehende Führungskräfte in Bezug auf ihre Ziele und ihr Verhalten. Dies kann zu einer Diskrepanz zwischen diesen idealisierten Bildern und der praktischen Realität der Führung führen, die oft durch Mehrdeutigkeit, allmählichen Fortschritt und das Ausbalancieren unterschiedlicher und manchmal widersprüchlicher Interessen gekennzeichnet ist.

Indem wir diese Darstellungen in den Medien und in der Literatur untersuchen und kritisch hinterfragen, können wir beginnen, uns ein realistischeres Bild von Führung zu machen. Dazu gehört die Anerkennung der Rolle der Zusammenarbeit, der Unvermeidlichkeit von Fehlern und Lernprozessen sowie der Bedeutung von Anpassungsfähigkeit und Belastbarkeit. Das Verständnis dieser Aspekte ist von entscheidender Bedeutung für die Entwicklung eines fundierteren und effektiveren Führungskonzepts, das den tatsächlichen Herausforderungen und

Verantwortlichkeiten, denen sich Führungskräfte in der realen Welt gegenübersehen, gerecht wird.

Das Buch enthält eine Sammlung von Anekdoten und Zitaten von echten Führungskräften aus verschiedenen Branchen, die einen lebhaften Kontrast zwischen den weithin akzeptierten Führungstheorien und der Realität, mit der diese Führungskräfte konfrontiert sind, darstellen. Diese Berichte aus erster Hand bieten einen ungeschminkten Blick auf die Komplexität, die Herausforderungen und die unerwarteten Elemente der Führung, die in den traditionellen Erzählungen über die Führung oft beschönigt werden.

Ein CEO eines Tech-Start-ups sagt zum Beispiel: "Bei der Führung geht es nicht nur darum, eine Vision festzulegen und sie umzusetzen. Es geht auch darum, mit dem Chaos umzugehen, schwierige Entscheidungen mit unvollständigen Informationen zu treffen und manchmal einfach das Schiff inmitten eines Sturms über Wasser zu halten. Die Lehrbücher haben mich nicht auf die schiere Unvorhersehbarkeit des Ganzen vorbereitet."

Ein Regierungsbeamter reflektiert über die Nuancen der Entscheidungsfindung und erklärt: "In meiner Funktion ist jede Entscheidung eine Gratwanderung. Die Theorien zur ethischen Führung sind eindeutig, aber in der Praxis müssen bei jeder Entscheidung verschiedene Grautöne abgewogen werden, und oft gibt es keine perfekten Antworten.

Ein Direktor aus dem Non-Profit-Sektor hebt die emotionalen Aspekte der Führung hervor: Einfühlungsvermögen und emotionale Belastbarkeit sind nicht nur "nice-to-have"-Qualitäten, sie sind unerlässlich. Man hat es mit Menschen zu tun, nicht nur mit Strategien und Zahlen. Der emotionale Tribut und die Notwendigkeit eines tiefen Einfühlungsvermögens in der Führung waren Aspekte, die ich bei der Arbeit gelernt habe, nicht in einem Klassenzimmer."

Eine erfahrene Führungskraft aus der Wirtschaft spricht über den Mythos der einsamen Führungskraft: "Führung wird oft als einsames Unterfangen dargestellt - eine Person, die die Führung übernimmt. In Wirklichkeit ist es viel mehr eine Gemeinschaftsarbeit. Ich fühle mich oft eher wie ein Dirigent in einem Orchester, der dafür sorgt, dass alle Teile miteinander harmonieren, als der einsame Held an der Front."

Diese Stimmen erwecken die unterschiedlichen Erfahrungen und Herausforderungen von Führungskräften zum Leben und veranschaulichen die Kluft zwischen theoretischen Idealen und praktischen Realitäten. Sie unterstreichen die Bedeutung von Anpassungsfähigkeit, emotionaler Intelligenz und der Fähigkeit, sich in komplexen, oft mehrdeutigen Situationen zurechtzufinden - Fähigkeiten, die für eine effektive Führung entscheidend sind, aber in der traditionellen Führungsausbildung möglicherweise nicht ausreichend betont werden.

Das Ziel unseres Buches ist es, eine realistische, ungefilterte Sicht auf die Führung zu vermitteln, die über den Glanz und die Politur herkömmlicher Führungstheorien hinausgeht, um den wahren Kern der Führung in verschiedenen organisatorischen Kontexten zu erforschen. Dieses Buch ist nicht nur eine akademische Übung; es ist ein praktischer Leitfaden, der auf den realen Erfahrungen von Führungskräften aus verschiedenen Bereichen und Lebensbereichen beruht.

Der Ansatz dieses Buches ist sowohl umfassend als auch offen. Wir versuchen, aus einem breiten Spektrum von Quellen zu schöpfen, um ein genaues Bild von Führung zu zeichnen. Dazu gehören Einsichten von erfahrenen Führungskräften, Erkenntnisse aus der jüngsten Forschung im Bereich Organisationsverhalten und Management sowie Lehren aus Fallstudien über erfolgreiche und gescheiterte Führung. Die Anekdoten und Überlegungen, die von Führungskräften aus verschiedenen Bereichen geteilt werden, verleihen der Diskussion eine Ebene der Authentizität und Praxisnähe.

Durch die Gegenüberstellung traditioneller Führungstheorien mit diesen Erfahrungen und Erkenntnissen aus der Praxis will das Buch die Kluft zwischen dem, was in Führungskursen oft gelehrt wird, und dem, was Führungskräfte in der Praxis tatsächlich erleben, überbrücken. Dieser Ansatz offenbart die Komplexität, die Herausforderungen und die manchmal unerwarteten Aspekte der Führung, die in den üblichen Lehrbüchern oder Seminaren nur selten behandelt werden.

Das Buch ist für ein breites Publikum gedacht. Es richtet sich an etablierte Führungskräfte, die ihr Verständnis für die praktischen Gegebenheiten ihrer Rolle vertiefen wollen, an aufstrebende Führungskräfte, die sich in der Führungslandschaft besser zurechtfinden wollen, und an Studierende der Fächer Management und Organisationsverhalten, die ihr akademisches Wissen durch praktische Erkenntnisse ergänzen möchten. Es richtet sich auch an alle, die daran interessiert sind, die Dynamik der Führung über die Oberfläche hinaus zu verstehen.

Ziel dieses Buches ist es, Führung zu entmystifizieren und in einem Licht darzustellen, das den alltäglichen Erfahrungen von Führungskräften besser entspricht. Es ermutigt zu einer aufgeschlossenen Herangehensweise an das Thema Führung und lädt die Leser dazu ein, ihre Vorurteile zu hinterfragen und sich mit neuen, manchmal herausfordernden Perspektiven auseinanderzusetzen. Ziel ist es, derzeitigen und künftigen Führungskräften ein differenzierteres, realistischeres Verständnis dessen zu vermitteln, was es braucht, um in den sich ständig verändernden und oft unklaren Organisationumgebungen von heute effektiv zu führen.

Unser Buch hat es sich zur Aufgabe gemacht, die weniger diskutierten, oft übersehenen Aspekte der Führung zu beleuchten und Einblicke in die Komplexität und die Realitäten zu geben, mit denen Führungskräfte konfrontiert sind und die im traditionellen Führungsdiskurs nur selten angesprochen werden. Bei dieser Untersuchung geht es nicht nur darum, Wissenslücken zu schließen, sondern auch darum, eine Perspektive zu bieten, die sowohl für derzeitige als auch für angehende Führungskräfte von entscheidender Bedeutung ist, um die vielschichtigen Herausforderungen der modernen Organisationsführung zu bewältigen.

Führung, wie sie traditionell dargestellt wird, erscheint oft als eine Reihe von genau definierten Strategien und Prinzipien, mit einem starken Fokus auf visionärem Denken, Entscheidungsfindung und Teammotivation. Obwohl diese Elemente zweifellos wichtig sind, stellen sie nur einen Teil des Führungspuzzles dar. Zu den weniger diskutierten Aspekten, die unser Buch in den Mittelpunkt rückt, gehören das nuancierte Verständnis der Organisationspolitik, die emotionale Belastbarkeit, die erforderlich ist, um durch Krisen zu führen, die ethischen Dilemmata, die Kompromisse erfordern, und die Kunst des Führens in Umgebungen, die durch Mehrdeutigkeit und schnellen Wandel gekennzeichnet sind.

Diese Perspektive ist aus mehreren Gründen entscheidend. Erstens vermittelt sie ein umfassenderes Verständnis davon, was Führung wirklich bedeutet. Indem man die Komplexität und die Herausforderungen, die mit einer Führungsrolle verbunden sind, anerkennt und erforscht, können Führungskräfte besser darauf vorbereitet werden, sie effektiv zu bewältigen.

Zweitens fördert diese Perspektive die Anpassungsfähigkeit und Belastbarkeit. In der heutigen schnelllebigen, sich ständig verändernden Welt haben Führungskräfte, die mit Komplexität und Ungewissheit umgehen können, bessere Erfolgsaussichten. Das Verständnis für die Vielschichtigkeit von Führung hilft bei der Entwicklung dieser wesentlichen Fähigkeiten.

Drittens fördert es ethische Führung. Durch die Erörterung ethischer Dilemmata und moralischer Herausforderungen, mit denen Führungskräfte konfrontiert sind, regt unser Buch aktuelle und angehende Führungskräfte dazu an, ihre Werte und die Auswirkungen ihrer Entscheidungen gründlich zu reflektieren und so einen ethischeren Ansatz für die Führung zu fördern.

Schließlich ist diese Erkundung auch für die persönliche Entwicklung von entscheidender Bedeutung. Bei der Führung geht es nicht nur darum, andere zu leiten, sondern auch um Selbsterkenntnis und persönliche Entwicklung. Das Verständnis der weniger diskutierten Aspekte von Führung ermutigt

Führungskräfte, über ihre Rolle nachzudenken, zu lernen und zu wachsen.

Um eine umfassende und realistische Darstellung von Führung in unserem Buch zu gewährleisten, wurde bei der Informationsbeschaffung ein vielseitiger Ansatz gewählt. Dieser Ansatz kombiniert empirische Forschung, Fallstudien und Berichte von Führungskräften aus erster Hand und bietet so eine abgerundete Perspektive auf die verschiedenen Dimensionen der Führung. Hier ist ein Überblick über den Ansatz:

- Empirische Forschung und theoretischer Rahmen: Das Buch beginnt mit einer Grundlage aus der empirischen Forschung, die sich auf ein breites Spektrum von Studien aus den Bereichen Organisationsverhalten, Psychologie und Management stützt. Diese Forschung bietet eine Grundlage für etablierte Führungstheorien und zeigt gleichzeitig auf, wo diese Theorien bei der Erklärung der Führungsdynamik in der Praxis versagen können.

- Fallstudien von realen Organisationen: Um die Theorien und Konzepte zum Leben zu erwecken, enthält das Buch eine Reihe von Fallstudien aus einer Vielzahl von Organisationen. Diese Fallstudien wurden sorgfältig ausgewählt, um die Komplexität und die Herausforderungen der Führung in verschiedenen Kontexten zu veranschaulichen, darunter Unternehmen, Non-Profit-Organisationen, Regierungsorganisationen und Start-ups. Jede Fallstudie wird analysiert, um die wichtigsten Lektionen und Einsichten in die praktische Führung aufzuzeigen.

- Interviews mit Führungskräften: Eine der ergiebigsten Informationsquellen für das Buch sind die Interviews mit aktuellen und ehemaligen Führungskräften aus verschiedenen Branchen. Diese Interviews liefern Erfahrungsberichte aus erster Hand und bieten persönliche Perspektiven, die über das hinausgehen, was üblicherweise in akademischer oder professioneller Literatur behandelt wird. Die Erkenntnisse aus diesen Interviews tragen dazu bei, Führung zu entmystifizieren und die menschliche Seite der Führung von Organisationen und Teams zu zeigen.

- Anekdotische Evidenz von Praktikern: Neben formellen Interviews enthält das Buch auch anekdotische Belege von einer Reihe von Praktikern. Dazu gehören Geschichten, Erfahrungen und Überlegungen von Managern, Führungskräften und leitenden Angestellten auf verschiedenen Ebenen, die einen Einblick in die Herausforderungen und Realitäten der Führung geben.

- Analyse von historischen Führungspersönlichkeiten: Um eine historische Perspektive zu bieten, werden in dem Buch auch die Führungsstile und -entscheidungen bedeutender historischer Persönlichkeiten untersucht. Diese Analyse hilft dabei, moderne Führungsherausforderungen zu kontextualisieren und Parallelen und Kontraste zu vergangenen Führungsszenarien zu ziehen.

- Interkulturelle Führungsperspektiven: Da das Buch die Bedeutung des kulturellen Kontextes für die Führung anerkennt, enthält es Perspektiven und Beispiele aus verschiedenen Kulturkreisen. Diese Einbeziehung gewährleistet ein globaleres Verständnis von Führung und trägt den unterschiedlichen Arten Rechnung, in denen Führung weltweit praktiziert und verstanden wird.

- Überprüfung von Misserfolgen und Erfolgen in der Führung: Es werden sowohl erfolgreiche als auch erfolglose Führungsbeispiele untersucht, um ein ausgewogenes Bild zu vermitteln. Aus Misserfolgen zu lernen ist ebenso wichtig wie das Verstehen von Erfolgsgeschichten, was eine realistischere und nuanciertere Sichtweise dessen vermittelt, was effektive Führung bedeutet.

Durch die Kombination dieser verschiedenen Quellen und Methoden der Informationsbeschaffung soll das Buch eine reichhaltige, multidimensionale Sicht auf das Thema Führung bieten. Dieser umfassende Ansatz stellt sicher, dass die angebotenen Einsichten und Empfehlungen sowohl in der Theorie als auch in der Praxis verankert sind und dem Leser ein realistisches und umsetzbares Verständnis dessen vermitteln, was es braucht, um in der heutigen Welt effektiv zu führen.

Die Zielgruppe unseres Buches ist breit gefächert und umfasst eine Vielzahl von Personen, die sich in verschiedenen Phasen ihrer Führungslaufbahn befinden oder sich für Führungsdynamik interessieren.

Unser Ziel ist es, etablierte Führungskräfte anzusprechen, die über jahrelange Erfahrung in der Leitung von Teams und Organisationen verfügen. Diesen erfahrenen Fachleuten bietet das Buch die Möglichkeit, ihre eigenen Führungserfahrungen zu reflektieren, sie an den vorgestellten Erkenntnissen zu messen und möglicherweise neue Strategien zur Bewältigung ihrer Herausforderungen zu entdecken.

Für angehende Führungskräfte, wie neu ernannte Manager oder Teamleiter, ist das Buch besonders wertvoll. Es bietet einen realistischen Blick auf die Herausforderungen, die vor ihnen liegen, und stattet sie mit praktischem Wissen und Einsichten aus, damit sie ihre beginnende Führungslaufbahn effektiv meistern können.

Auch Studierende der Management- und Führungsdisziplinen werden von diesem Buch stark profitieren. Es dient als praktischer Begleiter für ihre theoretischen Studien und bereichert ihr akademisches Wissen mit Beispielen und Anwendungen aus der Praxis.

Angehende Führungskräfte oder Personen, die in Zukunft eine Führungsrolle übernehmen wollen, werden in diesem Buch Inspiration und wertvolle Informationen finden. Es entmystifiziert die Führungsrolle und bereitet sie auf die Realität dieser Rolle jenseits der idealisierten Versionen vor, die in der herkömmlichen Literatur und den Medien oft dargestellt werden.

Auch Fachleute, die keine Führungspositionen innehaben, aber in Organisationsstrukturen arbeiten, können aus dem Buch Erkenntnisse gewinnen. Das Verständnis der Führungsdynamik kann ihre Zusammenarbeit mit Führungskräften verbessern, zu ihrer persönlichen Karriereentwicklung beitragen und sie möglicherweise dazu inspirieren, ihr eigenes Führungspotenzial zu erkunden.

Das Buch ist ein unverzichtbares Hilfsmittel für Lehrkräfte und Ausbilder im Bereich der Führung. Es bietet ihnen zeitgemäße Inhalte und eine ausgewogene Perspektive und bereichert ihre Lehr- und Ausbildungsprogramme. Es richtet sich somit an ein allgemeines Publikum, das ein großes Interesse daran hat, die Nuancen und die Komplexität von Führung zu verstehen. Dazu gehören Personen in verschiedenen Funktionen und Sektoren, die die Bedeutung effektiver Führungsfähigkeiten sowohl im beruflichen als auch im privaten Bereich erkennen.

Unser Buch ist sorgfältig strukturiert, um die Komplexität und die Realitäten der Führung auf eine Art und Weise zu entfalten, die dem Leser Kapitel für Kapitel ein umfassendes Verständnis verschafft.

Im ersten Kapitel "Der Mythos der Meritokratie" wird die weit verbreitete Annahme in Frage gestellt, dass der Erfolg einer Führungskraft ausschließlich auf dem Verdienst beruht. Es befasst sich mit dem Einfluss der Büropolitik und der Machtdynamik und zeigt auf, dass Erfolg in der Führung oft von Faktoren abhängt, die über Verdienst und harte Arbeit hinausgehen.

Anschließend geht es in "Die Kunst des Krieges im Vorstand" um die strategische Nutzung von Informationen und den Umgang mit internen Konflikten und Machtkämpfen. Dieses Kapitel bietet einen realistischen Einblick in die intensive Dynamik und die Entscheidungsprozesse in der Vorstandsetage.

Das Kapitel "Die Führungsstile - was die Lehrbücher nicht verraten", untersucht populäre Führungsstile und vergleicht ihre idealisierten Lehrbuchversionen mit ihrer praktischen

Wirksamkeit in verschiedenen organisatorischen Kontexten. Dieser Vergleich offenbart die Nuancen und Herausforderungen, die mit der effektiven Anwendung dieser Stile verbunden sind.

In "Entscheidungsfindung: Die Last des Kommandos" liegt der Schwerpunkt auf der Komplexität der Entscheidungsfindung in der Führung, insbesondere in Szenarien, in denen es keine eindeutigen oder vorteilhaften Optionen gibt. In diesem Kapitel geht es um die Kunst, schwierige Entscheidungen zu treffen und Risiken und Verantwortung abzuwägen.

"Ethik und Moral: Grauzonen in der Führung" befasst sich mit den ethischen Dilemmata und Grauzonen, mit denen Führungskräfte häufig konfrontiert sind und in denen moralische Ideale oft mit praktischen Notwendigkeiten kollidieren, und bietet Einblicke in die Art und Weise, wie Führungskräfte mit diesen Herausforderungen umgehen.

"Der Persönlichkeitskult und die Verehrung von Führungskräften" untersucht den Einfluss von persönlichem Charisma und das Phänomen der Verehrung von Führungskräften und erörtert deren Auswirkungen auf die Organisationskultur und die Effektivität von Führungskräften.

Das Buch geht dann über zu "Nachfolge und Vermächtnis", wo es die Bedeutung der Nachfolgeplanung und des Konzepts des Vermächtnisses in der Führung erörtert und Einblicke in die Art und Weise gibt, wie Führungskräfte die Geschichte ihres Einflusses und ihrer Amtszeit gestalten.

Das Buch schließt mit den wichtigsten Erkenntnisse der einzelnen Kapitel die zusammengefasst sind. Diese Schlussfolgerung bietet eine zusammenfassende Sicht der Führung, die Theorie und praktische Realität in Einklang bringt, und gibt einen Ausblick darauf, wie diese Erkenntnisse künftige Führungskräfte prägen können.

Auf diese Weise zielt das Buch darauf ab, Führung nicht als eine Reihe statischer Eigenschaften oder Verhaltensweisen darzustellen, sondern als einen dynamischen, komplexen Prozess, der tiefes Verständnis und Anpassungsfähigkeit erfordert. Jedes Kapitel trägt zu diesem übergeordneten Ziel bei und bietet eine realistische und vielschichtige Perspektive auf Führung.

Wenn sich die Leser auf die Reise durch unser Buch begeben, ist es wichtig, dass sie mit einem offenen Geist an die Sache herangehen. Dieses Buch stellt konventionelle Weisheiten in Frage und präsentiert eine Perspektive auf Führung, die von den traditionellen Erzählungen abweicht. Um in vollem Umfang von dieser Erkundung zu profitieren, sollten die Leser bereit sein, ihre vorgefassten Meinungen über Führung zu hinterfragen und offen zu sein für die neuen, manchmal unerwarteten Erkenntnisse, die das Buch bietet.

Führung, wie sie in der Populärkultur und in der akademischen Literatur dargestellt wird, erscheint oft einfacher und sauberer, als sie in Wirklichkeit ist. Unser Buch zielt darauf ab, diese Schichten abzuschälen und die Komplexität, die Herausforderungen und die Nuancen, mit denen Führungskräfte konfrontiert sind, zu enthüllen. Es ist eine Einladung, die weniger diskutierten Aspekte von Führung zu erforschen, diejenigen, die nicht in die üblichen Rahmenwerke und Theorien passen.

Dieser Ansatz erfordert die Bereitschaft, sich auf Ideen einzulassen, die vielleicht ungewohnt oder sogar unangenehm sind. Es geht um die Erkenntnis, dass es bei effektiver Führung nicht nur darum geht, eine Reihe von Regeln oder Modellen zu befolgen, sondern darum, die sich ständig verändernde Dynamik von Situationen in der realen Welt zu verstehen und zu bewältigen. Das Buch stellt Szenarien und Herausforderungen vor, mit denen viele Führungskräfte konfrontiert sind, die aber nur selten in offenen Foren diskutiert werden.

Wir ermutigen die Leser, diese Erkundung als Chance für Wachstum und Lernen zu begreifen. Ganz gleich, ob Sie eine etablierte Führungskraft, eine aufstrebende Führungskraft, ein Managementstudent oder einfach jemand sind, der sich für die Dynamik der Führung interessiert, dieses Buch hat Ihnen etwas zu bieten. Es bietet Ihnen die Möglichkeit, Ihr Verständnis für die Bedeutung von Führung zu erweitern, Ihre eigenen Erfahrungen zu reflektieren und zu überlegen, wie Sie diese Erkenntnisse auf Ihrem eigenen Führungsweg anwenden können.

Wenn Sie dieses Buch mit einem offenen Geist und der Bereitschaft, Ihre eigenen Ansichten über Führung zu hinterfragen, angehen, eröffnen Sie sich selbst ein umfassenderes, nuancierteres Verständnis dessen, was es braucht, um effektiv zu führen. Diese Einstellung ist nicht nur nützlich, um den Inhalt des Buches aufzunehmen, sondern auch eine entscheidende Eigenschaft für jede effektive Führungskraft - die Fähigkeit, sich anzupassen, zu lernen und kontinuierlich zu wachsen.

Kapitel 1: Der Mythos der Meritokratie

Im Gegensatz zu den weit verbreiteten Missverständnissen geht es in der Büropolitik nicht nur um gerissene Manöver oder egoistische Intrigen zum persönlichen Vorteil. Im Kern geht es um die Dynamik von Macht, Beziehungen und Einfluss in einem organisatorischen Kontext. Es geht um die Art und Weise, wie der Einzelne mit dieser Dynamik umgeht, um sowohl persönliche als auch organisatorische Ziele zu erreichen. Dazu gehört auch zu verstehen, wie Entscheidungen getroffen werden, wer die wichtigsten Entscheidungsträger sind und wie verschiedene Interessen am Arbeitsplatz ausgehandelt und miteinander in Einklang gebracht werden.

Die negative Wahrnehmung der Büropolitik rührt oft daher, dass man sich auf ihre skrupelloseren Aspekte konzentriert, wie Manipulation oder Untergrabung von Kollegen. Dabei wird jedoch die positive und notwendige Rolle übersehen, die politische Fähigkeiten bei der effektiven Führung und dem beruflichen Fortkommen spielen können. Ein geschickter Umgang mit der Politik im Büro kann zu einer effektiveren Entscheidungsfindung, verbesserten Beziehungen am Arbeitsplatz und der erfolgreichen Förderung sowohl individueller als auch kollektiver Ziele führen.

Indem wir die Büropolitik in dieses Licht rücken, wollen wir eine ausgewogenere Sichtweise als wesentlichen Aspekt des Organisationslebens fördern. Das Verständnis von und das Engagement in der Büropolitik impliziert nicht zwangsläufig unethisches Verhalten. Vielmehr kann sie als eine entscheidende Kompetenz für die erfolgreiche Navigation innerhalb einer komplexen sozialen Struktur, wie z. B. einem Arbeitsplatz, betrachtet werden. Aus diesem Blickwinkel betrachtet, geht es in der Büropolitik weniger um Täuschungstaktiken als vielmehr darum, das komplizierte Geflecht von Beziehungen und Machtdynamiken, das in jeder Organisation existiert, zu verstehen und effektiv zu verwalten.

Entgegen dem weit verbreiteten Glauben an die Leistungsgesellschaft, in der Erfolg und Aufstieg ausschließlich auf individuellen Verdiensten, Fähigkeiten und harter Arbeit beruhen, sieht die Realität in vielen Unternehmen oft anders aus. Leistung ist zwar zweifellos wichtig, aber sie ist häufig nicht der einzige oder sogar der wichtigste Faktor, der über Erfolg und Aufstieg entscheidet.

In der komplexen Landschaft der meisten Organisationen spielen mehrere andere Faktoren eine wichtige Rolle bei der Entscheidung, wer Erfolg hat, und wer vorankommt. Einer dieser Schlüsselfaktoren ist das bereits erwähnte Konzept der Büropolitik. Die Fähigkeit, sich in der zwischenmenschlichen und organisatorischen Dynamik zurechtzufinden, kann ebenso entscheidend sein wie die fachlichen Kompetenzen. Der Aufbau von Beziehungen, das Knüpfen von Netzwerken, das Verstehen der Unternehmenskultur und die Abstimmung mit wichtigen Einflussnehmern haben oft einen erheblichen Einfluss auf den beruflichen Aufstieg.

Ein weiterer Faktor ist die Sichtbarkeit. In vielen Fällen kann der Bekanntheitsgrad und die Wertschätzung der Arbeit einer Person innerhalb der Organisation entscheidender sein als die Qualität der Arbeit selbst. Hier kommen die Selbstvermarktung und die Fähigkeit, die eigenen Leistungen und das eigene Potenzial wirksam zu kommunizieren, ins Spiel. Mitarbeiter, die erfolgreich für sich und ihre Ideen eintreten können, haben oft bessere Aufstiegsmöglichkeiten.

Auch die Organisationskultur und Vorurteile spielen eine Rolle. In einigen Fällen können unbewusste Vorurteile in Bezug auf Geschlecht, ethnische Zugehörigkeit, Alter oder sogar Bildungshintergrund Entscheidungen über Beförderungen und Erfolg innerhalb eines Unternehmens beeinflussen. Diese

Voreingenommenheit kann Barrieren schaffen, die selbst die verdienstvollsten Personen am Weiterkommen hindern.

Externe Faktoren wie die wirtschaftliche Lage, Branchentrends und sogar Glück können den beruflichen Werdegang beeinflussen. Wenn man zum Beispiel zur richtigen Zeit am richtigen Ort ist oder eine zufällige Begegnung mit einer Schlüsselperson hat, können sich Türen öffnen, die sonst verschlossen bleiben würden, unabhängig vom eigenen Verdienst.

Verdienste sind zwar eine wichtige Komponente für Erfolg und Aufstieg, aber nicht der einzige Faktor. Die vielschichtige Natur des Organisationslebens bedeutet, dass eine Kombination aus Fähigkeiten, politischem Scharfsinn, Sichtbarkeit, kultureller Eignung und manchmal auch externen Faktoren zum beruflichen Fortkommen einer Person beitragen. Das Erkennen und Verstehen dieser zusätzlichen Elemente kann für jeden entscheidend sein, der sich in der Komplexität des beruflichen Aufstiegs in den heutigen Unternehmen zurechtfinden will.

Bei unserer Untersuchung der Frage, wie Netzwerke, Allianzen und politischer Scharfsinn eine entscheidende Rolle für den beruflichen Aufstieg spielen, stoßen wir auf verschiedene Anekdoten und Fallstudien, die diese Dynamik anschaulich illustrieren.

Eine bemerkenswerte Anekdote betrifft eine Führungskraft der mittleren Ebene in einem multinationalen Unternehmen, nennen wir sie Sarah. Trotz ihrer außergewöhnlichen Arbeitsleistung und ihres Engagements wurde Sarah bei Beförderungen immer wieder übergangen. Erst als sie begann, in ihrem Unternehmen aktiv Kontakte zu knüpfen, an gesellschaftlichen Veranstaltungen teilzunehmen und sich an abteilungsübergreifenden Projekten zu beteiligen, änderte sich ihr beruflicher Werdegang. Sarahs verbesserte Sichtbarkeit innerhalb des Unternehmens in Verbindung mit ihren neu geknüpften Beziehungen führte schließlich dazu, dass sie von einem leitenden Angestellten, den sie während einer unternehmensweiten Initiative beeindruckt hatte, für eine Führungsposition empfohlen wurde.

Eine weitere Fallstudie stammt aus der Technologiebranche, wo ein junger Mitbegründer eines Start-ups, den wir Alex nennen wollen, politischen Scharfsinn einsetzte, um eine entscheidende Finanzierung zu sichern. Alex brachte sein Startup strategisch mit wichtigen Einflussnehmern in der Tech-Community zusammen, was nicht nur das Profil seines Unternehmens schärfte, sondern auch die Aufmerksamkeit großer Investoren auf sich zog. Sein Verständnis für die Bedeutung des Aufbaus eines unterstützenden Netzwerks war entscheidend, um sich in der umkämpften Landschaft der Startup-Finanzierung zurechtzufinden.

Im Gesundheitswesen nutzte ein Krankenhausverwalter, Dr. Lee, Allianzen, um bedeutende Änderungen in der Krankenhauspolitik durchzusetzen. Dr. Lee wusste, dass er eine breite Unterstützung brauchte, um Veränderungen zu erreichen. Er verbrachte Monate damit, Beziehungen zu verschiedenen Interessengruppen aufzubauen, darunter leitende Ärzte, Krankenschwestern und Vorstandsmitglieder, um deren Anliegen und Beweggründe zu verstehen. Als es an der Zeit war, seine Änderungen vorzuschlagen, sorgten diese Bündnisse dafür, dass er den nötigen Rückhalt für eine erfolgreiche Umsetzung hatte, was die Bedeutung des Aufbaus von Koalitionen in der Führung unterstreicht.

Diese Beispiele aus der Praxis unterstreichen die Bedeutung von Netzwerken, der Bildung von Allianzen und politischem Geschick für das berufliche Fortkommen. Sie zeigen, dass individuelle Verdienste und harte Arbeit zwar wichtig sind, aber oft durch den Aufbau strategischer Beziehungen und ein Verständnis der organisatorischen Dynamik ergänzt werden müssen, um das eigene berufliche Potenzial voll auszuschöpfen.

Die Bedeutung der emotionalen Intelligenz, des Aufbaus von Beziehungen und der sozialen Navigation am Arbeitsplatz kann gar nicht hoch genug eingeschätzt werden, denn sie sind entscheidende Komponenten für ein erfolgreiches Berufsleben, die oft genauso wichtig sind wie technische Fähigkeiten, wenn nicht sogar wichtiger als diese.

Emotionale Intelligenz (EQ) spielt eine zentrale Rolle für das Verständnis und den Umgang mit den eigenen Emotionen sowie mit den Emotionen anderer. Sie ist eine wesentliche Voraussetzung für effektive Kommunikation, Konfliktlösung und Einfühlungsvermögen. Führungskräfte mit einem hohen EQ sind beispielsweise in der Lage, die emotionalen Bedürfnisse ihrer Teammitglieder zu erkennen, was zu einem stärkeren Zusammenhalt und motivierteren Teams führen kann. Emotionale Intelligenz hilft auch dabei, schwierige Situationen zu meistern, z. B. kritisches Feedback zu geben oder Konflikte am Arbeitsplatz so zu bewältigen, dass Beziehungen erhalten bleiben und ein positives Arbeitsumfeld gefördert wird.

Der Aufbau von Beziehungen ist ein weiteres Schlüsselelement für den Erfolg in den meisten beruflichen Bereichen. Starke Beziehungen können zu besserer Teamarbeit, verbesserter Zusammenarbeit und einer unterstützenden Arbeitskultur führen. In vielen Fällen kann sich die Stärke der beruflichen Beziehungen erheblich auf die beruflichen Aufstiegschancen auswirken. So ist zum Beispiel im Vertrieb und in kundenorientierten Positionen die Fähigkeit, gute Beziehungen zu Kunden aufzubauen und zu pflegen, oft der Grundstein für den Erfolg. Auch in internen Unternehmen kann der Aufbau eines Netzwerks von unterstützenden Kollegen und Mentoren eine unschätzbare Hilfe sein und neue Wachstums- und Aufstiegsmöglichkeiten eröffnen.

Ebenso wichtig ist die soziale Navigation, d. h. die Fähigkeit, die soziale Dynamik einer Organisation zu verstehen und effektiv zu manövrieren. Zu dieser Fähigkeit gehört es, die informellen Machtstrukturen zu erkennen, sich an die Organisationskultur anzupassen und zu verstehen, wie Entscheidungen jenseits der formalen Hierarchien getroffen werden. Fachleute, die sich in der sozialen Navigation auszeichnen, sind oft erfolgreicher darin, Ergebnisse zu beeinflussen, Veränderungen voranzutreiben und ihre Ziele zu erreichen. Sie verstehen es, ihre Ideen strategisch zu kommunizieren und sie mit den Zielen der Organisation und den Interessen der wichtigsten Interessengruppen in Einklang zu bringen.

In verschiedenen kulturellen Kontexten kann die Art der Büropolitik sehr unterschiedlich sein. In Kulturen, in denen Kollektivismus großgeschrieben wird, wie z. B. in vielen ostasiatischen Gesellschaften, dreht sich die Büropolitik oft um Gruppendynamik und die Aufrechterhaltung der Harmonie im Team. Der Aufbau von Netzwerken und Beziehungen konzentriert sich in diesen Kulturen eher auf die Einbeziehung der Gruppe und die Konsensbildung als auf individuelle Allianzen.

In Kulturen, die den Individualismus betonen, wie in vielen westlichen Ländern, geht es in der Büropolitik dagegen eher um individuelle Allianzen und persönliches Vorankommen. Networking in solchen Kontexten beinhaltet oft direktere Ansätze und kann offener wettbewerbsorientiert sein.

Die Größe und Struktur der Organisation spielen ebenfalls eine wichtige Rolle bei der Gestaltung der Büropolitik. In großen, hierarchisch aufgebauten Organisationen kann es erforderlich sein, komplexe Autoritätsebenen und Entscheidungsprozesse zu verstehen. Oft müssen Allianzen über verschiedene Ebenen und Abteilungen hinweg gebildet werden, um die eigenen Projekte oder die eigene Karriere voranzubringen.

In kleineren oder flacheren Organisationen geht es in der Büropolitik möglicherweise weniger um das Durchlaufen von Hierarchieebenen als vielmehr um direkte Beziehungen und Einflussnahme in einer kleineren Gruppe von Kollegen und Führungskräften. Die Dynamik in solchen Umgebungen kann informeller sein und auf persönlichen Beziehungen beruhen.

Auch die Branche oder der Sektor des Unternehmens hat Einfluss auf die Art der Büropolitik. In kreativen Branchen wie der Werbe- oder Designbranche kann sich die Büropolitik beispielsweise um den Besitz von Ideen und den kreativen Einfluss drehen, während es in traditionelleren Branchen wie dem Bankwesen oder dem Rechtswesen eher um die Einhaltung formaler Prozesse und den hierarchischen Einfluss gehen kann.

Der Reifegrad und die Geschichte einer Organisation können sich auf ihre politische Landschaft auswirken. Start-ups und jüngere Unternehmen haben möglicherweise eine flüssigere und dynamischere Form der Büropolitik als etablierte Unternehmen, in denen formale Strukturen und langjährige Netzwerke eine größere Rolle spielen können.

Das Verständnis dafür, wie sich die Büropolitik in verschiedenen kulturellen und organisatorischen Kontexten unterscheidet, ist für eine effektive Navigation und Führung entscheidend. Dies erfordert Anpassungsfähigkeit, kulturelles Bewusstsein und ein genaues Verständnis der spezifischen Dynamik, die in der eigenen Arbeitsumgebung herrscht. Diese unterschiedlichen Formen der Büropolitik zu erkennen und sich darauf einzustellen, ist eine Schlüsselqualifikation für jeden, der in einer vielfältigen Organisationslandschaft erfolgreich sein will.

Wenn man analysiert, wie Macht in Organisationen verteilt und ausgeübt wird, zeigt sich eine komplexe Landschaft, die oft über formale Organigramme hinausgeht. Macht in Organisationen hat nicht nur mit offiziellen Titeln und Positionen zu tun, sondern ist eng mit Netzwerken, Beziehungen und sozialer Dynamik verbunden.

Formale Machtstrukturen, wie sie in Organigrammen dargestellt sind, umreißen die offizielle Hierarchie und die Berichtslinien. Diese Form der Macht ist explizit, basiert auf der Position und umfasst in der Regel die Entscheidungsbefugnis, die Kontrolle über Ressourcen und die Fähigkeit, die Organisationspolitik und die Ergebnisse zu beeinflussen. Dies ist jedoch nur eine Facette der Macht in Organisationen.

Die informelle Macht hingegen agiert außerhalb dieser offiziellen Strukturen und kann ebenso einflussreich, wenn nicht sogar einflussreicher sein. Diese Art von Macht stammt aus mehreren Quellen:

- Fachwissen und Kenntnisse: Personen mit Spezialwissen oder Fachkenntnissen können erheblichen Einfluss ausüben. Ihr Beitrag ist bei Entscheidungsprozessen von entscheidender Bedeutung, auch wenn sie keine hochrangige Position innehaben.

- Soziale Netzwerke und Beziehungen: Die Macht von Beziehungen und Netzwerken darf nicht unterschätzt werden. Menschen, die gut vernetzt sind und starke Beziehungen innerhalb der Organisation haben, haben oft Zugang zu Informationen und Einfluss, der in den Organigrammen nicht ersichtlich ist.

- Kontrolle von Informationen: Diejenigen, die die Kontrolle über wichtige Informationen haben, können, auch wenn sie keine Führungsrolle innehaben, erhebliche Macht ausüben. Ihre Rolle als Informationshüter versetzt sie in die Lage, Entscheidungen und die Ausrichtung der Organisation zu beeinflussen.

- Ansehen und Charisma: Personen, die ein hohes Ansehen genießen oder eine charismatische Persönlichkeit haben, verfügen oft über informelle Macht. Sie können aufgrund ihrer persönlichen Anziehungskraft und ihres Rufs Meinungen beeinflussen und Unterstützung für Initiativen gewinnen.

- Ressourcenzuteilung: Personen, die die Kontrolle über Ressourcen (Budget, Personal usw.) haben, selbst im mittleren Management, können erhebliche Macht ausüben. Ihre Entscheidungen über die Ressourcenzuweisung können Projekte und Prioritäten innerhalb der Organisation stark beeinflussen.

- Abteilungsübergreifende Abhängigkeiten: In vielen Organisationen sind die Abteilungen voneinander abhängig. Abteilungen oder Personen, die für den Arbeitsablauf von zentraler Bedeutung sind, können aufgrund ihrer Position im organisatorischen Prozess Macht ausüben.

Das Verständnis dieser Dynamik ist von entscheidender Bedeutung, um sich in den Machtstrukturen einer Organisation zurechtzufinden. Führungskräfte und Manager müssen sich sowohl der formellen als auch der informellen Aspekte der Macht in ihrer Organisation bewusst sein. Zu erkennen, wer informelle Macht hat, wie sie ausgeübt wird und wie sie sich mit der formellen Autorität überschneidet, kann ein vollständigeres Bild der Organisationslandschaft vermitteln und zu einer effektiveren Führung und Entscheidungsfindung beitragen.

Das Erkennen und Verstehen der informellen Einflussnehmer und Entscheidungsträger in einer Organisation erfordert eine genaue Beobachtung und ein Verständnis der zwischenmenschlichen Dynamik, da diese Personen nicht unbedingt hochrangige Positionen im formalen Organigramm einnehmen.

Eine wirksame Methode ist die Beobachtung von Interaktionen während Sitzungen und organisatorischen Veranstaltungen. Achten Sie darauf, wem andere zuhören, wer die Konversation vorantreibt und wessen Meinung die Entscheidungen zu beeinflussen scheint. Oft sind die informellen Einflussnehmer diejenigen, deren Ansichten von ihren Kollegen gesucht und geschätzt werden, auch wenn sie keine formale Autorität haben.

Eine weitere Methode ist die Analyse von Kommunikationsmustern. Dabei kann festgestellt werden, wer häufig zu verschiedenen Themen konsultiert wird, wer in E-Mail-Ketten eingebunden ist oder an wen sich andere für Ratschläge und Beiträge wenden. Diejenigen, die unabhängig von ihrer offiziellen Rolle immer wieder an wichtigen Kommunikationen beteiligt sind, können einen erheblichen informellen Einfluss ausüben.

Auch die Vernetzung innerhalb des Unternehmens ist eine wichtige Strategie. Die Aufnahme von informellen Gesprächen und der Aufbau von Beziehungen über verschiedene Ebenen und Abteilungen hinweg können Aufschluss darüber geben, wer die wirklichen Einflussnehmer sind. Diese Interaktionen verraten oft viel über die informelle Machtdynamik und die wichtigsten Entscheidungsträger.

Die Erforschung der Geschichte und Kultur der Organisation kann aufschlussreich sein. Langjährige Mitarbeiter oder solche, die an wichtigen Projekten oder Übergängen beteiligt waren, haben oft einen informellen Einfluss, der auf ihrem historischen Wissen und ihrer organisatorischen Erfahrung beruht.

Auch das Einholen von Feedback aus verschiedenen Quellen kann aufschlussreich sein. Indem man mit einer Vielzahl von Mitarbeitern spricht, kann man verschiedene Perspektiven darüber sammeln, wen sie als einflussreich oder entscheidend ansehen, was oft auf die informellen Machtinhaber hinweisen kann.
Die Beobachtung von Problemlösungs- und Krisenmanagement-Situationen ist aufschlussreich. Wenn man beobachtet, wer in einer Krise in Aktion tritt, von wem andere Lösungen erwarten und wer in der Lage ist, Ressourcen oder Menschen effektiv zu mobilisieren, kann man diejenigen mit echtem Einfluss hervorheben, da diese Situationen oft die wahren Führungs- und Entscheidungsfähigkeiten offenbaren.

Durch diese Techniken kann man ein tieferes Verständnis der informellen Machtstrukturen innerhalb einer Organisation erlangen, was für eine effektive Navigation und Führung am Arbeitsplatz entscheidend ist.

Der Aufbau von nützlichen Beziehungen und Netzwerken innerhalb der Machtstruktur eines Unternehmens ist eine entscheidende Fähigkeit für beruflichen Erfolg und Aufstieg. Hier sind die wichtigsten Strategien für die Entwicklung dieser wichtigen Verbindungen:

1. Verstehen Sie die organisatorische Landschaft: Beginnen Sie damit, die formellen und informellen Machtstrukturen in Ihrer Organisation zu erfassen. Erkennen Sie, wer die wichtigsten Entscheidungsträger sind, identifizieren Sie die einflussreichen informellen Führungskräfte und verstehen Sie

die Dynamik zwischen verschiedenen Abteilungen und Teams.

2. Entwickeln Sie ein vielfältiges Netzwerk: Bauen Sie ein Netzwerk auf, das sich über verschiedene Ebenen und Abteilungen innerhalb des Unternehmens erstreckt. Der Kontakt zu Menschen mit unterschiedlichem Hintergrund und unterschiedlichen Aufgabenbereichen kann ein breites Spektrum an Perspektiven und Einblicken bieten.

3. Mehrwert bieten: Networking sollte nicht nur als eine Möglichkeit gesehen werden, sich persönliche Vorteile zu verschaffen. Konzentrieren Sie sich darauf, wie Sie einen Mehrwert für die Arbeit anderer schaffen können. Dies kann durch den Austausch von Informationen, die Unterstützung bei Projekten oder das Anbieten Ihrer einzigartigen Fähigkeiten und Kenntnisse geschehen.

4. Engagieren Sie sich aktiv bei organisatorischen Aktivitäten: Nehmen Sie an verschiedenen organisatorischen Veranstaltungen, Ausschüssen oder Projekten teil. Diese Aktivitäten bieten die Möglichkeit, neue Leute kennenzulernen und Ihre Fähigkeiten und Ihr Engagement für die Organisation unter Beweis zu stellen.

5. Echte Beziehungen pflegen: Authentizität beim Aufbau von Beziehungen ist der Schlüssel. Zeigen Sie echtes Interesse an der Arbeit und dem Wohlbefinden anderer. Der Aufbau von Vertrauen und Beziehung braucht Zeit, ist aber für dauerhafte und sinnvolle Beziehungen unerlässlich.

6. Seien Sie ein guter Zuhörer: Zu einem effektiven Networking gehört genauso viel Zuhören wie Reden. Ein guter Zuhörer hilft Ihnen, die Bedürfnisse und Anliegen anderer zu verstehen, was für den Aufbau starker, wechselseitiger Beziehungen entscheidend ist.

7. Suchen Sie Mentoren und Verbündete: Ermitteln Sie potenzielle Mentoren und Verbündete innerhalb der

Organisation, die Sie beraten, unterstützen und für Sie eintreten können. Ein Mentor kann aufgrund seiner Erfahrung wertvolle Ratschläge und Einblicke geben, während Verbündete entscheidend sein können, wenn es darum geht, Ihre Fähigkeiten anderen gegenüber zu bestätigen.

8. Pflegen Sie Ihre Beziehungen: Networking ist ein kontinuierlicher Prozess. Bleiben Sie regelmäßig mit Ihren Kontakten in Kontakt, auch wenn es sich nur um eine kurze Rückmeldung oder den Austausch über etwas Interessantes handelt. Dies hilft, die Beziehung lebendig zu halten und zeigt, dass Sie die Verbindung schätzen.

9. Seien Sie professionell und respektvoll: Bleiben Sie bei Ihren Kontakten stets professionell und respektvoll. Die Art und Weise, wie Sie Menschen behandeln, unabhängig von ihrer Position, spiegelt Ihren Charakter wider und kann Ihren Ruf innerhalb der Organisation erheblich beeinflussen.

10. Politisch navigieren mit ethischen Erwägungen: Beim Aufbau von Netzwerken geht es darum, die Politik im Büro zu verstehen und zu meistern, aber es ist wichtig, dies auf ethische Weise zu tun. Vermeiden Sie manipulative Taktiken und konzentrieren Sie sich auf den Aufbau von Netzwerken, die auf gegenseitigem Respekt und gemeinsamen Zielen basieren.

Wenn Sie diese Richtlinien befolgen, können Sie ein effektives Beziehungsnetz innerhalb der Machtstruktur Ihres Unternehmens aufbauen und pflegen, was für Ihre berufliche Entwicklung und Effektivität unerlässlich ist.

Erörterung von Strategien, um die eigenen Beiträge sichtbar zu machen und gleichzeitig die Beziehungen zu Vorgesetzten, Kollegen und Untergebenen geschickt zu gestalten.

Die Sichtbarkeit Ihrer Beiträge zu erhöhen und gleichzeitig die Beziehungen zu Vorgesetzten, Kollegen und Untergebenen geschickt zu gestalten, erfordert einen nuancierten Ansatz, der ein

Gleichgewicht zwischen der Präsentation Ihrer Leistungen und der Aufrechterhaltung positiver Beziehungen am Arbeitsplatz herstellt.

Die Grundlage für die Erlangung von Sichtbarkeit ist die konsequente Erbringung qualitativ hochwertiger Arbeit. Hervorragende Leistungen in Ihrer Rolle stellen sicher, dass Ihre Beiträge wertvoll sind und mit den Zielen des Unternehmens übereinstimmen. Neben Ihrer Leistung ist es wichtig, Ihre Erfolge angemessen zu kommunizieren. Dies kann in Teamsitzungen oder in Gesprächen mit Ihrem Vorgesetzten geschehen, wobei Sie eine Sprache verwenden sollten, die die Bemühungen des Teams anerkennt und die Auswirkungen der Arbeit in den Mittelpunkt stellt.

Die Teilnahme an abteilungsübergreifenden Projekten ist auch ein strategischer Weg, um Ihr Netzwerk zu erweitern und Ihre Fähigkeiten einem breiteren Publikum innerhalb der Organisation zu präsentieren. Wenn Sie als Problemlöser bei der Bewältigung von Herausforderungen die Initiative ergreifen, demonstrieren Sie Führungsqualitäten und erhöhen Ihren Bekanntheitsgrad.

Der Aufbau einer engen Beziehung zu Ihrem Vorgesetzten ist von entscheidender Bedeutung, da er ein wichtiger Fürsprecher für Sie sein kann. Indem Sie ihn über Ihre Arbeit auf dem Laufenden halten und regelmäßig um Feedback bitten, zeigen Sie Ihr Engagement für die persönliche Entwicklung und den Erfolg des Teams. Wenn Sie außerdem Ihren Kollegen oder Untergebenen Ratschläge und Unterstützung anbieten, können Sie Ihren Ruf als Führungspersönlichkeit und Mitarbeiter festigen und Ihren Beitrag weiter ins Licht rücken.

Die Beteiligung an organisatorischen Initiativen, die über Ihre regulären Aufgaben hinausgehen, wie z. B. Ausschüsse oder Programme zur sozialen Verantwortung des Unternehmens, kann Ihren Bekanntheitsgrad bei den Führungskräften und in den verschiedenen Bereichen des Unternehmens erhöhen. Der Aufbau einer positiven beruflichen Persönlichkeit, die für ihre Zuverlässigkeit, Positivität und Hilfsbereitschaft bekannt ist, kann ebenfalls Ihre Sichtbarkeit erhöhen und Ihnen neue Möglichkeiten eröffnen.

Die Nutzung interner Kommunikationskanäle wie Newsletter oder Blogs, um Inhalte beizusteuern oder Einblicke zu gewähren, kann ein effektiver Weg sein, um Ihr Fachwissen und Ihre Leistungen hervorzuheben. Es ist jedoch wichtig, die Kultur Ihres Unternehmens zu berücksichtigen und Ihren Ansatz an die kulturellen Normen in Bezug auf Selbstdarstellung und Sichtbarkeit anzupassen.

Das Gleichgewicht zwischen diesen verschiedenen Strategien erfordert Taktgefühl und emotionale Intelligenz. Es geht darum, Ihre Arbeit auf eine Weise bekannt zu machen und zu würdigen, die in den kulturellen Kontext Ihrer Organisation passt, ohne andere zu überschatten, und gesunde, kooperative Beziehungen zu Kollegen auf allen Ebenen zu pflegen.

Der Umgang mit den ethischen Dimensionen der Büropolitik und der Machtdynamik ist ein entscheidender Aspekt der beruflichen Integrität und Führung. Während die Büropolitik ein unvermeidlicher Teil des Organisationslebens ist, kann die Art und Weise, wie man sich in ihr engagiert, erhebliche ethische Auswirkungen haben.

Es ist wichtig zu erkennen, dass ein Engagement in der Büropolitik nicht per se unethisches Verhalten erfordert. Ethisches Verhalten bedeutet, dass man sein Verständnis der organisatorischen Dynamik nutzt, um Entscheidungen zu beeinflussen und Ziele auf eine Weise zu erreichen, die für alle Beteiligten transparent, fair und respektvoll ist. Das bedeutet, dass man manipulative Taktiken, Täuschung oder die Untergrabung von Kollegen zum persönlichen Vorteil vermeiden sollte.

Transparenz ist der Schlüssel zu einer ethisch korrekten Büropolitik. Dazu gehört, dass man offen über seine Absichten und Handlungen spricht, anstatt im Verborgenen zu agieren oder versteckte Pläne zu verfolgen. Transparenz trägt dazu bei,

Vertrauen aufzubauen und die eigene Integrität zu bewahren, selbst wenn man sich in komplexen Machtverhältnissen bewegt. Fairness ist ein weiterer wichtiger Aspekt. Dies bedeutet, dass die Interessen und das Wohlergehen aller Beteiligten, einschließlich der Kollegen, der Untergebenen und der Organisation als Ganzes, berücksichtigt werden. Ethisches politisches Manövrieren sollte darauf abzielen, Ergebnisse zu erzielen, die zwar den eigenen Zielen zugute kommen, aber auch mit den übergeordneten Zielen der Organisation übereinstimmen und die Aussichten anderer nicht ungerechtfertigt beeinträchtigen.

Der Respekt vor anderen ist die Grundlage für eine ethische Büropolitik. Dazu gehört, den Wert und die Beiträge der Kollegen anzuerkennen, Handlungen zu vermeiden, die anderen absichtlich schaden, und eine Kultur des gegenseitigen Respekts zu fördern, selbst bei Meinungsverschiedenheiten oder Wettbewerb.

Es ist auch wichtig, sich der Auswirkungen von Machtungleichgewichten bewusst zu sein und damit umzugehen. Diejenigen, die Machtpositionen innehaben, sollten besonders darauf achten, wie sie ihren Einfluss nutzen und sicherstellen, dass sie ihre Autorität nicht ausnutzen oder andere zu Handlungen zwingen, die ihre Werte oder die Ethik der Organisation gefährden.

Das Bekenntnis zu den Werten und ethischen Standards der Organisation ist unerlässlich. Persönliche Ambitionen und politische Strategien sollten nicht zu Handlungen führen, die den Grundwerten und ethischen Richtlinien der Organisation widersprechen.

Das Gleichgewicht zwischen den eigenen Bestrebungen und dem kollektiven Wohl ist ein heikler Aspekt der ethischen Büropolitik. Dazu gehört das Streben nach persönlichem und beruflichem Wachstum bei gleichzeitigem positiven Beitrag für das Team und die Organisation, wobei sichergestellt werden muss, dass individuelle Ziele nicht den kollektiven Erfolg und ethische Praktiken überschatten.

Die langfristigen Auswirkungen von politischem Geschick auf die Karriere sind vielfältig und bergen sowohl potenzielle Risiken als auch Vorteile in sich. Politisches Geschick, d. h. die Fähigkeit, die interne Politik, die Machtstrukturen und die Beziehungen einer Organisation zu verstehen und effektiv zu steuern, kann die berufliche Laufbahn einer Person erheblich beeinflussen.

Die Belohnungen für politischen Sachverstand:

- Beruflicher Aufstieg: Personen, die sich in der Büropolitik gut auskennen, haben oft bessere Chancen auf Beförderungen und Führungspositionen. Ihre Fähigkeit, wichtige Einflussnehmer und Entscheidungsträger zu verstehen und sich mit ihnen abzustimmen, kann Türen zu Möglichkeiten öffnen, die allein aufgrund ihrer Leistung vielleicht nicht zugänglich wären.

- Größerer Einfluss: Politisch versierte Personen können innerhalb ihrer Organisation mehr Einfluss ausüben. Dieser Einfluss kann sie in die Lage versetzen, Projekte voranzutreiben, Entscheidungen zu beeinflussen und einen größeren Beitrag zur Ausrichtung des Unternehmens zu leisten.

- Bessere Vernetzung: Politischer Scharfsinn beinhaltet oft den Aufbau eines breiten Beziehungsnetzes innerhalb des Unternehmens. Dieses Netzwerk kann Unterstützung, Informationen und Ressourcen bieten, die für die persönliche und berufliche Entwicklung von unschätzbarem Wert sind.

- Besserer Umgang mit Konflikten: Wer die Dynamik der Büropolitik versteht, kann Konflikte besser steuern und lösen, produktive Arbeitsbeziehungen pflegen und zu einem positiven Arbeitsumfeld beitragen.

Die Risiken der politischen Klugheit:

- Wahrnehmung von Manipulation: Wenn sie nicht sorgfältig gehandhabt wird, kann politisches Geschick als manipulativ oder eigennützig empfunden werden. Diese Wahrnehmung kann dem Ruf und den Beziehungen einer Person schaden, insbesondere wenn sich Kollegen ausgenutzt oder ausgenutzt fühlen.

- Ethische Dilemmata: Das Navigieren in der Büropolitik kann manchmal zu ethischen Dilemmata führen, wenn die eigenen Werte in Konflikt mit Handlungen geraten, die die eigene Position verbessern könnten. Es kann eine Herausforderung sein, persönliche ethische Grundsätze mit politischen Manövern in Einklang zu bringen.

- Burnout und Stress: Ständiges Engagement in der Büropolitik, insbesondere in einem wettbewerbsintensiven oder toxischen Umfeld, kann zu Stress und Burnout führen. Die Notwendigkeit, bei Interaktionen ständig wachsam und strategisch zu sein, kann geistig und emotional anstrengend sein.

- Vernachlässigung der Kernaufgaben: Es besteht die Gefahr, dass man sich so sehr in politische Spielchen vertieft, dass die eigentlichen beruflichen Aufgaben in den Hintergrund geraten. Wenn man sich zu sehr auf die Politik konzentriert, kann das die Leistung und Produktivität beeinträchtigen.

Langfristig kann politisches Geschick, wenn es mit Integrität ausgeübt wird und mit einer starken Leistung in den eigenen Kernaufgaben einhergeht, die Karriere erheblich verbessern. Es kann zu mehr Möglichkeiten, Einfluss und beruflichem Erfolg führen. Es erfordert jedoch eine sorgfältige Navigation, um die Fallstricke der Manipulation, ethischer Konflikte und potenzieller negativer Wahrnehmungen zu vermeiden. Ein ausgewogener Ansatz, bei dem politischer Scharfsinn mit echten Beiträgen und ethischem Verhalten kombiniert wird, ist der Schlüssel, um die Vorteile von politischem Geschick nachhaltig und positiv zu nutzen.

Die Untersuchung von Fallstudien von Personen, die sich erfolgreich in der Büropolitik und der Machtdynamik zurechtgefunden haben, bietet wertvolle Einblicke in effektive Strategien und gelernte Lektionen. Hier sind zwei anschauliche Beispiele.

Fallstudie 1: Der kollaborative Netzwerker in der Technologiebranche

In der schnelllebigen Welt eines Technologieunternehmens im Silicon Valley zeichnete sich Emma, eine Projektmanagerin, durch ihre Fähigkeit aus, sich in der komplexen Büropolitik zurechtzufinden. Nachdem sie trotz ihres technischen Know-hows bei Beförderungen zunächst übergangen wurde, konzentrierte sich Emma auf den Aufbau eines umfassenden Netzwerks innerhalb des Unternehmens. Sie begann damit, sich freiwillig für abteilungsübergreifende Projekte zur Verfügung zu stellen, was ihr die Möglichkeit gab, mit verschiedenen Teams zusammenzuarbeiten und ihre Fähigkeiten einem breiteren Publikum vorzustellen. Emma legte auch Wert darauf, echte Beziehungen zu pflegen, nicht nur zu ihren Kollegen, sondern auch zu Personen in anderen Abteilungen. Sie machte sich selbst zu einer wertvollen Ressource, indem sie ihr Fachwissen weitergab und bei Bedarf Hilfe anbot. Dabei ging es ihr nicht um Selbstdarstellung, sondern darum, zum Erfolg anderer beizutragen, was wiederum ihr Profil im Unternehmen schärfte.

Wichtige Lektionen:

- Erweitern Sie Ihr internes Netzwerk, indem Sie abteilungsübergreifende Kooperationen eingehen.

- Förderung echter Beziehungen, die auf gegenseitiger Unterstützung und Zusammenarbeit beruhen.

- Geben Sie Ihr Fachwissen großzügig weiter und werden Sie zu einer geschätzten Ressource für das gesamte Unternehmen.

Fallstudie 2: Der ethische Stratege in einer Non-Profit-Organisation

John, ein Direktor einer großen gemeinnützigen Organisation, sah sich mit einer Reihe anderer Herausforderungen konfrontiert. Die Organisation hatte eine komplexe Hierarchie und ein wettbewerbsintensives Umfeld. Johns Erfolg hing von seiner Fähigkeit ab, sich in dieser Dynamik ethisch korrekt und effektiv zu bewegen. Er konzentrierte sich darauf, die informellen Machtstrukturen zu verstehen und die Ziele seiner Abteilung mit den umfassenderen Zielen der Organisation in Einklang zu bringen. Er sorgte für Transparenz in seinem Handeln und seiner Kommunikation, was ihm half, Vertrauen zu seinem Team und anderen Abteilungen aufzubauen. John zeichnete sich auch bei der Lösung von Konflikten aus, indem er oft zwischen Abteilungen vermittelte und Lösungen fand, die mit den Werten und Zielen der Organisation übereinstimmten.

Wichtige Lektionen:

- Sie müssen die allgemeinen Ziele der Organisation verstehen und sich an ihnen ausrichten.

- Sorgen Sie für Transparenz und offene Kommunikation, um Vertrauen aufzubauen.

- Seien Sie ein Vermittler und Problemlöser, der sich auf Lösungen konzentriert, die die Werte der Organisation wahren.

Die Geschichten von Emma und John verdeutlichen, wie wichtig der Aufbau von Netzwerken, die Pflege echter Beziehungen, das Verständnis für die umfassenderen Ziele der Organisation und die Wahrung ethischen Verhaltens bei der Navigation durch die Büropolitik sind. Ihr Erfolg zeigt, dass politisches Geschick in Kombination mit einem kooperativen und ethischen Ansatz zu einem bedeutenden Karriereaufstieg und einem großen Einfluss auf die Organisation führen kann.

Kapitel 2: Die Kunst des Krieges in der Vorstandsetage

Unter strategischer Irreführung versteht man in der Geschäftswelt die Kunst, die Wahrnehmung, die Entscheidungen oder die Handlungen anderer geschickt und subtil in eine Richtung zu lenken oder zu beeinflussen, die einer bestimmten Strategie oder Zielsetzung zugute kommt. Dieses Konzept, das oft mit Magie und Illusion in Verbindung gebracht wird, wo die Aufmerksamkeit des Publikums durch Irreführung von der Kunstfertigkeit des Zauberers abgelenkt wird, findet eine Parallele in der Geschäftswelt. Hier geht es darum, die Aufmerksamkeit in einer Weise abzulenken oder zu lenken, die ein Geschäftsvorhaben oder -ziel fördert.

Die Wurzeln der strategischen Irreführung im Geschäftsleben lassen sich bis in die Antike zurückverfolgen, wo Führer und Kaufleute Taktiken der Beeinflussung und Überzeugung einsetzten, um sich Vorteile im Handel, bei Verhandlungen und in Machtkämpfen zu verschaffen. Diese frühen Anwendungen legten den Grundstein für das, was sich in modernen Geschäftspraktiken zu ausgefeilten Strategien entwickeln sollte.

Im historischen Kontext wurde die strategische Irreführung häufig in der Kriegskunst und in der Politik gesehen. Antike Militärstrategen wie Sun Tzu in "Die Kunst des Krieges" sprachen von der Bedeutung von Täuschung und Irreführung, um Gegner auszumanövrieren. In der Politik sorgten Herrscher und Berater für Ablenkungsmanöver oder verbreiteten Fehlinformationen, um bei diplomatischen Verhandlungen die Oberhand zu gewinnen oder ihre Macht zu festigen.

In der heutigen Geschäftswelt hat sich die strategische Irreführung an das Unternehmensumfeld angepasst. Sie manifestiert sich in verschiedenen Formen, z. B. in der Kontrolle des

Informationsflusses, um die Wahrnehmung der Stakeholder zu beeinflussen, in der Bildung strategischer Allianzen, um die Aufmerksamkeit der Wettbewerber abzulenken, oder sogar in Marketingtaktiken, die die Aufmerksamkeit der Verbraucher in eine günstige Richtung lenken.

In der Geschäftswelt spielen Informationen eine entscheidende Rolle bei Entscheidungsprozessen und Verhandlungen. Die strategische Nutzung von Informationen kann die Ergebnisse erheblich beeinflussen, was sie zu einem mächtigen Instrument in jedem Unternehmen macht.

Strategischer Einsatz bei der Entscheidungsfindung:

- Datengestützte Entscheidungen: Unternehmen verlassen sich zunehmend auf Daten und Analysen, um fundierte Entscheidungen zu treffen. Durch strategisches Sammeln und Analysieren relevanter Daten können Unternehmen Trends erkennen, Ergebnisse vorhersagen und Entscheidungen treffen, die auf empirischen Erkenntnissen beruhen.

- Selektive Offenlegung: Führungskräfte wählen oft strategisch aus, welche Informationen sie den Stakeholdern offenlegen. Indem sie den Informationsfluss kontrollieren, können sie Erwartungen steuern, Diskussionen in eine gewünschte Richtung lenken und Entscheidungsprozesse beeinflussen.

- Risikobewertung: Informationen sind der Schlüssel zur Bewertung von Risiken, die mit verschiedenen Entscheidungen verbunden sind. Unternehmen nutzen Marktforschung, Finanzberichte und Branchendaten, um potenzielle Risiken zu bewerten und kalkulierte Entscheidungen zu treffen.

Strategischer Einsatz in Verhandlungen:

- Informationen als Machtmittel nutzen: In Verhandlungen können Informationen eine Quelle der Macht sein. Wenn man besser über den Markt, die Position des Gegners und mögliche Alternativen informiert ist, kann man als Verhandlungsführer die Oberhand gewinnen.

- Informationen als Verhandlungsmasse: Manchmal kann das Angebot von Informationen selbst Teil einer Verhandlungsstrategie sein. So können beispielsweise Einblicke in Markttrends oder Geschäftsabläufe als Druckmittel eingesetzt werden, um Verhandlungen voranzutreiben oder günstige Bedingungen zu sichern.

- Fehlinformationen als Taktik: Obwohl ethisch fragwürdig, nutzen manche Verhandlungsführer Fehlinformationen oder das Zurückhalten von Informationen als Taktik, um sich einen Vorteil zu verschaffen. Dies kann bedeuten, dass eine Position übertrieben wird, der Wert des Angebots unterschätzt wird oder wichtige Details weggelassen werden.

- Vertrauensbildung durch Transparenz: Umgekehrt kann die Transparenz bei der Weitergabe von Informationen dazu dienen, Vertrauen in Verhandlungen aufzubauen. Offenheit und Ehrlichkeit können eine Atmosphäre der Zusammenarbeit fördern, die zu für beide Seiten vorteilhaften Ergebnissen führen kann.

Die strategische Nutzung von Informationen bei der Entscheidungsfindung und bei Verhandlungen erfordert eine sorgfältige Abwägung. Sie kann zwar ein wirksames Instrument zur Förderung von Geschäftszielen sein, doch sind damit auch ethische Überlegungen verbunden. Der Schlüssel liegt darin, Informationen in einer Weise zu nutzen, die nicht nur strategisch vorteilhaft ist, sondern auch mit den Werten und ethischen Standards des Unternehmens übereinstimmt. Auf diese Weise wird sichergestellt, dass die Nutzung von Informationen die Geschäftspraktiken und -beziehungen stärkt, anstatt sie zu untergraben.

Der Volkswagen-Dieselabgasskandal, bekannt als "Dieselgate", dient als krasses Beispiel für den Einsatz von Fehlinformationen in Unternehmensstrategien und deren weitreichende Folgen. In diesem realen Fall hat Volkswagen, ein führender Automobilhersteller, Regulierungsbehörden und Verbraucher absichtlich über die Umweltverträglichkeit seiner Dieselfahrzeuge getäuscht. Das Unternehmen baute eine Abschalteinrichtung in seine Dieselmotoren ein, die erkennen konnte, wenn die Fahrzeuge einer Abgasuntersuchung unterzogen wurden, und die Leistung so veränderte, dass die Umweltstandards eingehalten wurden. Im Normalbetrieb stießen diese Fahrzeuge jedoch Schadstoffe aus, die deutlich über den gesetzlichen Grenzwerten lagen.

Die Strategie von Volkswagen, seine Dieselfahrzeuge als umweltfreundlich darzustellen, schien zunächst erfolgreich zu sein und führte zu hohen Verkaufszahlen und einem gestärkten Ruf. Die Strategie beruhte jedoch auf einer bewussten Täuschung, bei der der Verkauf und der Wettbewerbsvorteil Vorrang vor Ehrlichkeit, Einhaltung von Gesetzen und Umweltverantwortung hatten. Als die Wahrheit über die Abschalteinrichtung ans Licht kam, hatte das schwerwiegende Folgen. Volkswagen sah sich mit langwierigen Rechtsstreitigkeiten, finanziellen Verlusten und einem erheblichen Schaden für seinen Ruf konfrontiert.

Der Skandal hatte weitreichende Auswirkungen und betraf verschiedene Interessengruppen, darunter getäuschte Verbraucher, getäuschte Aufsichtsbehörden, Aktionäre, die finanzielle Verluste hinnehmen mussten, und Mitarbeiter, deren Arbeitsplatzsicherheit gefährdet war. Als Reaktion auf die Krise unterzog sich Volkswagen einem umfassenden Führungswechsel, zahlte Milliarden an Bußgeldern und Vergleichen, investierte in die Elektrofahrzeugtechnologie und machte sich auf einen langen Weg, um seinen Ruf wiederherzustellen.

Der Fall Volkswagen ist ein abschreckendes Beispiel, das die Gefahren des Einsatzes von Fehlinformationen in Unternehmensstrategien aufzeigt. Er zeigt, wie wichtig ethisches Verhalten und Transparenz bei Geschäftsentscheidungen sind, und unterstreicht das Potenzial für erhebliche rechtliche, finanzielle und rufschädigende Schäden, wenn sich Unternehmen auf irreführende Praktiken einlassen. Dieser Fall zeigt, dass Fehlinformationen zwar kurzfristige Vorteile bieten können, die langfristigen Kosten, sowohl ethisch als auch praktisch, jedoch verheerend sein können. Er unterstreicht die Notwendigkeit ethischer und transparenter Praktiken bei der Entscheidungsfindung von Unternehmen sowie die Bedeutung der Berücksichtigung der langfristigen Auswirkungen solcher Strategien.

Der Einsatz von Irreführung und Fehlinformation in einem geschäftlichen Kontext wirft erhebliche ethische Fragen und Überlegungen auf. Strategische Manöver sind zwar Teil des Geschäftslebens, aber das Überschreiten des Bereichs der Fehlinformation oder irreführender Praktiken kann ernsthafte ethische und rechtliche Folgen haben.

Ethische Grenzen bei Irreführung und Fehlinformation:

1. Transparenz und Wahrhaftigkeit: Eine der wichtigsten ethischen Überlegungen ist das Gleichgewicht zwischen strategischer Kommunikation und offener Täuschung. Ethische Grenzen werden überschritten, wenn Informationen nicht nur selektiv präsentiert, sondern auch verfälscht oder falsch dargestellt werden. Transparenz und Wahrhaftigkeit sollten Leitprinzipien sein, auch in der strategischen Kommunikation.

2. Auswirkungen auf die Stakeholder: Ethische Erwägungen müssen auch die Auswirkungen von Fehlinformationen auf verschiedene Interessengruppen wie Mitarbeiter, Kunden, Aktionäre und die Allgemeinheit berücksichtigen. Fehlinformationen können dazu führen, dass Stakeholder Entscheidungen auf der Grundlage falscher Prämissen treffen, was das Vertrauen und die Glaubwürdigkeit beeinträchtigen und rechtliche Konsequenzen haben kann.

3. Einhaltung von Rechtsvorschriften: Viele Branchen sind in Bezug auf die Genauigkeit der Informationen, die sie bereitstellen müssen, reglementiert, insbesondere in Bereichen wie Finanzen, Gesundheitswesen und Konsumgüter. Ethische Irreführung muss immer im Rahmen der gesetzlichen Vorschriften bleiben.

4. Langfristige Auswirkungen: Der Einsatz von Fehlinformationen kann kurzfristige Vorteile bringen, aber langfristig den Ruf und die Glaubwürdigkeit eines Unternehmens schädigen. Ethische Überlegungen sollten die Nachhaltigkeit des Unternehmens und seinen langfristigen Ruf berücksichtigen.

5. Moralische Verantwortung: Unternehmen haben eine moralische Verantwortung gegenüber ihren Stakeholdern und der Gesellschaft. Praktiken, die mit Fehlinformationen einhergehen, können diese Verantwortung verletzen, was zu einem Vertrauensverlust in der Öffentlichkeit führt und dem Ansehen des Unternehmens in der Gesellschaft schaden kann.

6. Unternehmenskultur: Der Einsatz von Irreführung und Fehlinformationen kann die Unternehmenskultur erheblich beeinträchtigen. Wenn diese Praktiken auf höheren Ebenen geduldet werden, kann dies zu einer Kultur der Unehrlichkeit und des Misstrauens innerhalb der Organisation führen.

Ethische Erwägungen berücksichtigen:

1. Festlegung klarer ethischer Leitlinien: Organisationen sollten klare Richtlinien darüber haben, was eine akzeptable Kommunikation und Strategie ist. Diese Richtlinien sollten im Einklang mit den Werten und ethischen Standards des Unternehmens stehen.

2. Schulung und Sensibilisierung: Regelmäßige Schulungs- und Sensibilisierungsprogramme können den Mitarbeitern helfen, die Bedeutung ethischer Praktiken in der Kommunikation und Strategie zu verstehen.

3. Förderung der ethischen Entscheidungsfindung: Unternehmen sollten eine Kultur fördern, in der ethische Entscheidungen geschätzt und unterstützt werden. Dazu gehört auch, dass es für die Mitarbeiter Kanäle gibt, um Bedenken über potenziell unethische Praktiken zu äußern.

4. Rechenschaftspflicht: Es sollte Mechanismen der Rechenschaftspflicht geben, um die Einhaltung ethischer Standards zu gewährleisten. Dazu gehören klare Konsequenzen für unethisches Verhalten im Zusammenhang mit Fehlinformationen und Irreführung.

Strategische Irreführung hat zwar ihren Platz im Geschäftsleben, aber wenn sie in Richtung Fehlinformation geht, kann dies zu ethischen Dilemmata und potenziellen rechtlichen Problemen führen. Für Unternehmen ist es entscheidend, diese Praktiken mit einem starken ethischen Kompass zu steuern und Transparenz, Wahrhaftigkeit und Verantwortung in ihrer gesamten Kommunikation und ihren Strategien zu gewährleisten.

Ein praktisches Beispiel für eine effektiv eingesetzte strategische Irreführung sind die Geschäftsstrategien von Apple Inc. und insbesondere seine Produkteinführungsevents. Apple, das für seine Innovationen und marktführenden Produkte bekannt ist, hat es auch verstanden, durch strategische Irreführung die Spannung rund um seine Produkteinführungen aufrechtzuerhalten.

Ein bemerkenswertes Beispiel war die Einführung des ersten iPhone im Jahr 2007. In den Monaten vor der Ankündigung gab es zahlreiche Gerüchte und Spekulationen über den Einstieg von Apple in den Mobiltelefonmarkt. Apple, unter der Leitung von Steve Jobs, kontrollierte den Informationsfluss über das neue Produkt meisterhaft. Die Gerüchte wurden weder bestätigt noch dementiert, was die Öffentlichkeit und die Wettbewerber im Ungewissen ließ. Diese Unklarheit sorgte in der Technologiebranche und bei den Verbrauchern für große Aufregung.

Als das iPhone schließlich vorgestellt wurde, war es nicht nur in Bezug auf die Technologie revolutionär, sondern auch in Bezug auf die Art und Weise, wie es präsentiert wurde. Die Veranstaltung zur Markteinführung war minutiös geplant. Jobs stellte zunächst drei separate Produkte vor - einen Breitbild-iPod mit Touch-Bedienung, ein revolutionäres Mobiltelefon und ein bahnbrechendes Internet-Kommunikationsgerät - um dann zu enthüllen, dass es sich nicht um drei separate Geräte, sondern um ein einziges Produkt handelte: das iPhone. Dieser Präsentationsansatz war eine Form der strategischen Irreführung, die die Vorfreude und Überraschung des Publikums steigerte.

Die Strategie von Apple bei der Einführung des iPhone war in mehrfacher Hinsicht erfolgreich:

- Wahrung der Geheimhaltung: Durch die strenge Kontrolle der Informationen konnte Apple verhindern, dass wichtige Informationen über das iPhone durchsickern, und so sicherstellen, dass die Enthüllung maximale Wirkung hatte.

- Erwartungshaltung aufbauen: Die fehlende Bestätigung des Produkts schürte die Spekulationen und die Medienberichterstattung, wodurch die Markteinführung zu einem großen Ereignis wurde.

- Den Markt überraschen: Die einzigartige Herangehensweise an die Produktankündigung hielt die Konkurrenz auf Abstand und verschaffte Apple einen Marktvorsprung.

Dieses Beispiel zeigt, wie strategische Irreführung, wenn sie ethisch und kreativ eingesetzt wird, ein wirksames Instrument im Marketing und bei der Produkteinführung sein kann. Apples Fähigkeit, Neugierde zu wecken und die Erwartungen der Öffentlichkeit zu steuern, ohne auf falsche Informationen zurückzugreifen, zeigt die Macht strategischer Kommunikation und kontrollierter Informationsfreigabe bei der Schaffung erfolgreicher Geschäftsergebnisse.

Das Erkennen und Entschlüsseln von Irreführungstaktiken in Vorstandssitzungen erfordert scharfsinnige Beobachtung, kritisches Denken und ein Verständnis für menschliches Verhalten und organisatorische Dynamik. In der komplexen Umgebung von Unternehmenssitzungen und -diskussionen ist es nicht ungewöhnlich, dass Einzelpersonen verschiedene Taktiken anwenden, um Entscheidungen oder Diskussionen in eine bestimmte Richtung zu lenken, oft zu strategischen Zwecken.

Ein wirksamer Ansatz besteht darin, während der Sitzungen einen scharfen Sinn für Aufmerksamkeit zu entwickeln. Dazu gehört, aktiv zuzuhören und nicht nur zu beobachten, was gesagt wird, sondern auch, wie es gesagt wird. Achten Sie auf nonverbale Hinweise wie Körpersprache und Mimik, die manchmal mehr verraten als Worte.

Es kann auch aufschlussreich sein, die Hintergründe und Motivationen der Teilnehmer zu verstehen. Wenn man die Agenda der einzelnen Personen, ihre Abteilungsziele und ihr bisheriges Verhalten in Besprechungen kennt, kann man ihren Aussagen und Handlungen einen Kontext geben. Dieses Verständnis kann dabei helfen, herauszufinden, ob jemand wirklich für eine bestimmte Position eintritt oder ob eine Strategie dahinter steckt.

Es ist auch hilfreich, auf Ungereimtheiten in den Darstellungen zu achten. Wenn etwas nicht mit früheren Aussagen oder bekannten Fakten übereinstimmt, könnte dies ein Zeichen für eine Irreführung sein. Respektvolles Hinterfragen und Nachfragen kann helfen, die wahren Absichten hinter bestimmten Äußerungen oder Vorschlägen aufzudecken.

Auch die Analyse des Zeitpunkts bestimmter Beiträge kann Aufschluss geben. Manchmal kann der Zeitpunkt eines Kommentars oder eines Vorschlags - z. B. kurz vor einer wichtigen Entscheidung - auf einen Versuch hinweisen, den Entscheidungsprozess zu beeinflussen.

Das Wissen um gängige Ablenkungsmanöver, wie z. B. das Ablenken von einem wichtigen Thema, das Übertreiben eines Problems oder das Herunterspielen eines wichtigen Punktes, kann auch dabei helfen, zu erkennen, wann diese Taktiken eingesetzt werden.

Die Förderung einer offenen und ehrlichen Kommunikation in den Führungsetagen ist von entscheidender Bedeutung. Die Förderung einer Kultur, in der Geradlinigkeit höher geschätzt wird als Gerissenheit, kann die Häufigkeit von Irreführungstaktiken verringern.

Die Reflexion der Sitzungen im Nachhinein und die Diskussion mit vertrauenswürdigen Kollegen kann zusätzliche Perspektiven und Einblicke bieten und dabei helfen, etwaige Ablenkungstaktiken zu entschlüsseln, die möglicherweise eingesetzt wurden.

Das Erkennen und Entschlüsseln von Ablenkungsmanövern in Vorstandssitzungen erfordert eine Kombination aus aufmerksamer Beobachtung, Verständnis für individuelle Motivationen, kritischer Analyse der vorgelegten Informationen und Förderung einer Kultur der transparenten Kommunikation. Diese Fähigkeiten, die im Laufe der Zeit verfeinert werden, können von unschätzbarem Wert sein, wenn es darum geht, die oft komplexe Dynamik der Entscheidungsfindung in Unternehmen zu steuern.

Konflikte in der Vorstandsetage, die in vielen Unternehmen vorkommen, haben verschiedene Ursachen und können unterschiedliche Formen annehmen. Das Verständnis dieser Quellen und Arten ist entscheidend für ein effektives Konfliktmanagement und eine effektive Konfliktlösung.

Eine häufige Ursache für Konflikte sind unterschiedliche Ziele oder Prioritäten. Die Mitglieder des Verwaltungsrats vertreten oft verschiedene Interessengruppen oder Abteilungen, die jeweils ihre eigenen Ziele und Agenden verfolgen. Wenn diese Ziele miteinander kollidieren, kann es zu Konflikten kommen, insbesondere bei der Ressourcenzuteilung, der strategischen Ausrichtung oder den Projektprioritäten.

Persönliche Auseinandersetzungen sind eine weitere wichtige Quelle für Konflikte. In den Vorstandsetagen kommen viele verschiedene Personen mit unterschiedlichem Hintergrund, Arbeitsstil und Temperament zusammen. Wenn diese Persönlichkeiten aufeinandertreffen, kann dies zu Missverständnissen und Meinungsverschiedenheiten führen und den Entscheidungsprozess beeinträchtigen.

Meinungsverschiedenheiten können auch auf unterschiedliche Werte und ethische Grundsätze zurückzuführen sein. Verwaltungsratsmitglieder können unterschiedliche Ansichten darüber haben, was ethisches Verhalten oder den besten Ansatz für die soziale Verantwortung von Unternehmen darstellt. Diese grundlegenden Unterschiede können zu tiefgreifenden Konflikten führen, insbesondere wenn Entscheidungen getroffen werden, die sich auf die ethische Haltung oder den Ruf des Unternehmens auswirken.

Informationsasymmetrien oder Missverständnisse können ein weiterer Auslöser sein. Konflikte entstehen häufig, wenn die Mitglieder des Verwaltungsrats Zugang zu unterschiedlichen Informationen haben oder dieselben Informationen unterschiedlich interpretieren. Dies kann zu Missverständnissen und Meinungsverschiedenheiten über die richtige Vorgehensweise führen.

Auch die Machtdynamik innerhalb der Vorstandsetage kann zu Konflikten führen. Fragen der Kontrolle, des Einflusses und der Autorität kommen oft ins Spiel, insbesondere bei Entscheidungen, die bedeutende Veränderungen oder die künftige Ausrichtung der Organisation betreffen. Diese Machtkämpfe können sich in Konflikten zwischen alten und neuen Mitgliedern, zwischen dem Vorstand und der Geschäftsführung oder innerhalb von Fraktionen im Vorstand selbst äußern.

Externer Druck, wie z.B. Marktbedingungen, regulatorische Veränderungen oder die Erwartungen der Aktionäre, können zu Stress und Konflikten innerhalb des Vorstands führen. Entscheidungen darüber, wie auf diesen externen Druck reagiert werden soll, können strittig sein, insbesondere wenn sie sich auf die Rentabilität oder die strategische Ausrichtung des Unternehmens auswirken.

Das Erkennen dieser häufigen Quellen und Arten von Konflikten kann Vorstandsmitgliedern und Führungskräften dabei helfen, diese zu antizipieren und effektiver zu handhaben, um sicherzustellen, dass die Diskussionen im Vorstand produktiv sind und zu einer soliden Entscheidungsfindung führen.

Die Lösung von Konflikten im Sitzungssaal oder in einem anderen organisatorischen Umfeld erfordert einen durchdachten Ansatz und den Einsatz verschiedener Strategien wie Verhandlungen, Mediation und Konsensbildung. Jede dieser Methoden dient dazu, Unstimmigkeiten zu beseitigen und einen Weg zu finden, der für alle Beteiligten akzeptabel ist.

Die Verhandlung ist ein direkter Ansatz, bei dem die Konfliktparteien Gespräche führen, um eine Einigung zu erzielen. Bei diesem Prozess legt jede Partei ihre Standpunkte und Interessen dar und arbeitet dann gemeinsam an einem Kompromiss oder einer Lösung, die alle Seiten bis zu einem gewissen Grad zufriedenstellt. Eine wirksame Verhandlung erfordert gute Kommunikationsfähigkeiten, ein Verständnis für die Interessen, die auf dem Spiel stehen, und die Bereitschaft, einen Mittelweg zu finden.

Bei der Mediation wird eine neutrale dritte Partei hinzugezogen, um den Lösungsprozess zu erleichtern. Dieser Mediator trifft keine Entscheidungen, sondern hilft den Parteien, besser zu kommunizieren, die Sichtweise des anderen zu verstehen und mögliche Lösungen zu erkunden. Eine Mediation kann besonders nützlich sein, wenn der Konflikt einen Punkt erreicht hat, an dem die direkte Kommunikation zwischen den Parteien nicht mehr produktiv ist.

Die Konsensfindung ist ein gemeinschaftlicher Prozess, der darauf abzielt, eine Entscheidung zu treffen, der alle Parteien zustimmen können. Dazu gehören eine offene Diskussion, aktives Zuhören und das Bemühen, die Bedürfnisse und Bedenken der einzelnen Parteien zu verstehen. Das Ziel besteht nicht nur darin, einen Kompromiss zu finden, sondern eine Entscheidung zu treffen, die von allen aktiv unterstützt wird. Dieser Prozess kann zeitaufwändig sein, führt aber oft zu dauerhaften und zufriedenstellenden Ergebnissen.

Zusätzlich zu diesen Strategien gehört zu einer effektiven Konfliktlösung oft auch, dass man

1. Anerkennen und Ansprechen der zugrunde liegenden Probleme: Manchmal liegen den Konflikten tiefere Probleme wie Misstrauen, Missverständnisse oder historische Missstände zugrunde. Die Beseitigung dieser Ursachen kann der Schlüssel zur Lösung des aktuellen Konflikts sein.

2. Förderung einer Kultur des Respekts und der Offenheit: Die Schaffung eines Umfelds, in dem abweichende Meinungen geschätzt und respektiert werden, kann verhindern, dass viele Konflikte eskalieren.

3. Festlegung klarer Richtlinien für Diskussionen: Die Festlegung von Regeln für den Umgang mit Konflikten kann dazu beitragen, dass Diskussionen produktiv und respektvoll geführt werden.

4. Förderung von Empathie und Verständnis: Wenn man die Parteien dazu ermutigt, die Situation aus der Perspektive des anderen zu sehen, können Spannungen abgebaut und der Weg für eine Lösung geebnet werden.

5. Wenn nötig, externe Hilfe in Anspruch nehmen: Manchmal kann die Hinzuziehung externer Berater oder Experten neue Perspektiven eröffnen und den Lösungsprozess erleichtern.

Durch die Anwendung dieser Strategien können Führungskräfte und Vorstandsmitglieder Konflikte effektiv bewältigen und potenziell spaltende Situationen in Möglichkeiten zur gemeinsamen Problemlösung und zum Wachstum der Organisation verwandeln.

Bei der Entstehung und Lösung von Konflikten innerhalb von Organisationen spielt die Macht eine komplexe und wichtige Rolle. Die Machtdynamik kann nicht nur stark beeinflussen, warum Konflikte entstehen, sondern auch wie sie gelöst werden.

Konflikte entstehen oft, wenn in einer Organisation ein Ungleichgewicht oder ein Kampf um Macht herrscht. Dies kann sich in verschiedenen Formen äußern, z. B. in Konflikten zwischen Einzelpersonen, die um Einfluss oder Kontrolle kämpfen, oder zwischen Gruppen mit unterschiedlichem Machtniveau. Ein Konflikt kann zum Beispiel entstehen, wenn sich eine Abteilung von einer anderen, dominanteren Abteilung überschattet oder ausgegrenzt fühlt. Ebenso kann es vorkommen, dass Personen in niedrigeren Machtpositionen ihre Ideen und Beiträge unterbewertet sehen, was zu Spannungen führt.

Auch bei der Lösung von Konflikten spielt die Machtverteilung eine entscheidende Rolle. Diejenigen, die mehr Macht haben, wie z. B. die Geschäftsleitung oder Vorstandsmitglieder, haben in der Regel einen größeren Einfluss auf den Ausgang eines Konflikts. Sie können die Richtung des Konfliktlösungsprozesses bestimmen und haben die Befugnis, Lösungen durchzusetzen. Diese Macht muss jedoch mit Bedacht ausgeübt werden. Ein hartes Vorgehen der Machthaber kann Konflikte verschärfen, insbesondere wenn sich die Beteiligten missachtet oder ungerecht behandelt fühlen.

Umgekehrt kann die gerechte Ausübung von Macht eine wirksame Konfliktlösung erleichtern. Dazu gehört die Anerkennung der Perspektiven und Anliegen aller Parteien, unabhängig von ihrer Position in der Organisationshierarchie. Führungskräfte, die ihre Macht nutzen, um ein integratives

Umfeld für die Konfliktlösung zu schaffen, tragen dazu bei, dass Lösungen auf breiter Basis akzeptiert werden und wirksam sind.

Die Machtdynamik kann sich während des Konfliktlösungsprozesses verändern. Zum Beispiel kann eine Partei, die anfangs weniger Einfluss hatte, mehr Unterstützung und Macht gewinnen, wenn der Konflikt erforscht wird, insbesondere wenn ihre Anliegen mit breiteren organisatorischen Themen oder Werten übereinstimmen.

In einigen Fällen kann die Lösung eines Konflikts zu einer Neuverteilung der Macht innerhalb der Organisation führen. Die Lösung eines Konflikts kann zum Beispiel die Umstrukturierung von Teams, die Neudefinition von Rollen oder die Überarbeitung von Entscheidungsprozessen beinhalten, wodurch sich das Machtgleichgewicht verschieben kann.

Persönliche Emotionen von beruflichen Auseinandersetzungen zu trennen, ist in jedem Arbeitsumfeld eine große Herausforderung. Emotionen sind ein fester Bestandteil des Menschseins, und sie können leicht in berufliche Interaktionen einfließen, insbesondere bei Konflikten oder Meinungsverschiedenheiten. Wenn man jedoch zulässt, dass persönliche Emotionen dominieren, kann dies das Urteilsvermögen beeinträchtigen, Streitigkeiten eskalieren lassen und eine wirksame Lösung verhindern.

Der Schlüssel zur Bewältigung dieser Herausforderung liegt in der Entwicklung emotionaler Intelligenz, d. h. im Verstehen und Regulieren der eigenen Emotionen sowie im Erkennen und Respektieren der Emotionen anderer. Diese Fähigkeit ist entscheidend für die Wahrung von Professionalität und Objektivität bei Streitigkeiten.

Ein wirksamer Ansatz ist die Übung der Selbstwahrnehmung. Wenn Sie sich Ihrer emotionalen Auslöser und Reaktionen bewusst sind, können Sie bei Konflikten reflexartige Reaktionen vermeiden. Es ist wichtig, seine Gefühle zu erkennen, zu verstehen, warum man sich so fühlt, und dann zu entscheiden, wie man produktiv und professionell reagieren kann.

Eine weitere Strategie besteht darin, sich auf das eigentliche Problem zu konzentrieren und nicht auf die beteiligten Persönlichkeiten. Wenn sich die Diskussionen auf das spezifische Problem oder die Aufgabe konzentrieren und nicht auf die Eigenschaften oder Handlungen der einzelnen Personen, ist es einfacher, einen professionellen Ton beizubehalten und auf eine Lösung hinzuarbeiten.

Auch das aktive Zuhören spielt eine wichtige Rolle. Dazu gehört, dass man sich vollkommen auf das Gesagte konzentriert, es versteht, darauf antwortet und sich dann daran erinnert, was gesagt wurde. Dies hilft nicht nur, die Perspektive der anderen Partei zu verstehen, sondern zeugt auch von Respekt und kann emotionale Spannungen deeskalieren.

Es ist auch von Vorteil, einen Schritt zurückzutreten und sich eine Abkühlungsphase zu gönnen, wenn die Emotionen hochkochen. Manchmal kann eine Pause von der Diskussion, um die Gedanken zu sammeln und sich zu beruhigen, zu rationaleren und weniger emotionsgeladenen Interaktionen führen.

Ein weiterer wichtiger Aspekt ist das Üben von Einfühlungsvermögen. Der Versuch, die Situation aus der Sicht der anderen Person zu verstehen, kann wertvolle Einblicke in ihre Reaktionen geben und dabei helfen, eine gemeinsame Basis zu finden.

Es kann hilfreich sein, eine neutrale dritte Partei um Feedback zu bitten oder eine Mediation durchzuführen. Eine objektive Sichtweise kann Klarheit schaffen, helfen, Emotionen von Fakten zu trennen und den Streit zur Lösung zu führen.

Um persönliche Emotionen von beruflichen Streitigkeiten zu trennen, ist es notwendig, sich seiner selbst bewusst zu werden, sich auf die Sache und nicht auf die Persönlichkeit zu konzentrieren, aktiv zuzuhören, Abkühlungsphasen zuzulassen, sich in Empathie zu üben und manchmal eine neutrale dritte Partei hinzuzuziehen. Die Entwicklung dieser Fähigkeiten kann zu einer effektiveren Konfliktlösung und einem harmonischeren beruflichen Umfeld führen.

Ein reales Szenario, das die Bewältigung und Eskalation von Konflikten und die daraus gezogenen Lehren veranschaulicht, findet sich im Fall von Starbucks im Jahr 2018. Das Unternehmen sah sich nach einem Vorfall in einer seiner Filialen in Philadelphia mit einem erheblichen Konflikt konfrontiert, als zwei afroamerikanische Männer wegen Hausfriedensbruchs verhaftet wurden, während sie auf ein Geschäftstreffen warteten, da sie keinen Einkauf getätigt hatten. Dieser Vorfall eskalierte schnell zu einer landesweiten Kontroverse, die Fragen der rassistischen Voreingenommenheit und Diskriminierung hervorhob.

Die Situation eskalierte aufgrund der unmittelbaren und heftigen Reaktion der Öffentlichkeit, insbesondere in den sozialen Medien. Der Vorfall wurde als Rassendiskriminierung empfunden und löste Proteste und Boykottaufrufe gegen Starbucks aus. Das Unternehmen sah sich mit heftigen Reaktionen konfrontiert, da die Öffentlichkeit und die Medien seine Politik und die Handlungen seiner Mitarbeiter kritisierten.

Die Reaktion von Starbucks auf diese Krise ist ein Beispiel für Konfliktmanagement, das eine potenziell katastrophale Situation in eine Chance für positive Veränderungen verwandelte. Der CEO des Unternehmens, Kevin Johnson, entschuldigte sich schnell öffentlich, sowohl in schriftlichen Erklärungen als auch bei Medienauftritten, und räumte den Vorfall ein, wobei er sein Mitgefühl für die betroffenen Männer zum Ausdruck brachte.

Starbucks kündigte daraufhin an, mehr als 8.000 seiner US-Filialen einen Tag lang zu schließen, um seine Mitarbeiter über rassistische Vorurteile aufzuklären. Diese Entscheidung war ein bedeutender Schritt, der das Engagement des Unternehmens zeigte, das Problem frontal anzugehen. Die Schulung sollte das Bewusstsein der Mitarbeiter für rassistische Vorurteile schärfen und ähnliche Vorfälle in Zukunft verhindern.

Gelernte Lektionen:

- Rasche und einfühlsame Reaktion: Die schnelle und einfühlsame Reaktion von Starbucks war entscheidend für die Bewältigung des Konflikts. Das Anerkennen des Problems und das Ausdrücken echter Reue trugen zur Deeskalation der Situation bei.

- Verantwortung übernehmen: Indem Starbucks die Verantwortung übernahm und sich nicht vor dem Problem drückte, zeigte das Unternehmen Verantwortlichkeit, was bei der Konfliktlösung von entscheidender Bedeutung ist, insbesondere in einer öffentlichen Krise.

- Proaktive Maßnahmen: Die Durchführung von unternehmensweiten Schulungen zeigte das Engagement von Starbucks für positive Veränderungen und verwandelte eine negative Situation in eine Gelegenheit, sich zu verbessern und zu lernen.

- Offene Kommunikation: Die offene Kommunikation mit der Öffentlichkeit während der gesamten Krise, einschließlich der transparenten Mitteilung der Schritte zur Lösung des Problems, trug zur Wiederherstellung des Vertrauens bei.

- Langfristiges Engagement: Der Umgang mit so tiefsitzenden Problemen wie rassistischen Vorurteilen erfordert ein langfristiges Engagement, das über die unmittelbare Schadensbegrenzung hinausgeht. Die laufenden Bemühungen von Starbucks im Bereich der Schulungen zu Vielfalt und Integration spiegeln dieses Verständnis wider.

Dieses Szenario zeigt, dass die Art und Weise, wie ein Unternehmen auf einen Konflikt reagiert, dessen Lösung und das öffentliche Image des Unternehmens erheblich beeinflussen kann. Der Umgang von Starbucks mit dem Vorfall liefert wertvolle Lektionen im Krisenmanagement und zeigt, wie wichtig eine schnelle, einfühlsame Reaktion, die Übernahme von Verantwortung, die Umsetzung proaktiver Maßnahmen, die

Aufrechterhaltung einer offenen Kommunikation und das Engagement für langfristige Veränderungen sind.

Die Förderung eines Umfelds, in dem Konflikte konstruktiv ausgetragen werden, ist für die Aufrechterhaltung eines gesunden und produktiven Arbeitsplatzes unerlässlich. Ein solches Umfeld fördert die offene Kommunikation, den gegenseitigen Respekt und die Konzentration auf die Lösung von Problemen. Im Folgenden finden Sie einige Hinweise zur Schaffung und Aufrechterhaltung einer solchen positiven Konfliktlösungskultur:

1. Schaffung einer Kultur der offenen Kommunikation: Die Förderung einer offenen und ehrlichen Kommunikation ist von grundlegender Bedeutung. Die Mitarbeiter sollten sich wohl fühlen, wenn sie ihre Meinungen und Bedenken äußern können, ohne Vergeltungsmaßnahmen befürchten zu müssen. Diese Offenheit ermöglicht die frühzeitige Erkennung und Lösung von Konflikten.

2. Förderung des gegenseitigen Respekts: Ein Arbeitsplatz, an dem Respekt ein zentraler Wert ist, kann Konflikte konstruktiver lösen. Wenn die Mitarbeiter die Perspektiven und Erfahrungen der anderen respektieren, sind sie eher bereit, einen sinnvollen Dialog zu führen, und lassen Konflikte seltener eskalieren.

3. Bereitstellung von Konfliktlösungstraining: Vermitteln Sie Ihren Mitarbeitern durch regelmäßige Schulungen Fähigkeiten zur Konfliktlösung. Dazu können aktives Zuhören, effektive Kommunikation, Einfühlungsvermögen und Verhandlungsgeschick gehören. Die Schulung gibt den Mitarbeitern die Werkzeuge an die Hand, die sie für einen konstruktiven Umgang mit Konflikten benötigen.

4. Ermutigung zur gemeinsamen Problemlösung: Fördern Sie eine Kultur, in der kooperative Problemlösungen die Norm sind. Ermutigen Sie die Teams, Konflikte als Probleme zu betrachten, die gemeinsam gelöst werden müssen, und nicht als Schlachten, die gewonnen werden müssen.

5. Mit gutem Beispiel vorangehen: Die Führung spielt eine entscheidende Rolle, wenn es darum geht, den Ton anzugeben, wie mit Konflikten umgegangen wird. Führungskräfte, die mit Streitigkeiten fair und ruhig umgehen und offene Diskussionen und Problemlösungen fördern, sind ein positives Beispiel für den Rest der Organisation.

6. Klare Richtlinien und Verfahren einführen: Legen Sie klare Richtlinien und Verfahren für den Umgang mit Konflikten fest. Dies bietet einen Rahmen für die Konfliktlösung und stellt sicher, dass Konflikte einheitlich und fair behandelt werden.

7. Emotionale Aspekte anerkennen und ansprechen: Erkennen Sie, dass Konflikte oft eine emotionale Komponente haben. Das Ansprechen der emotionalen Aspekte kann oft zu einer gründlicheren und dauerhafteren Lösung führen.

8. Sichere Räume für Diskussionen schaffen: Schaffen Sie Räume, in denen die Mitarbeiter Konflikte in einem sicheren und vertraulichen Umfeld besprechen können. Dies kann durch Mediationssitzungen, Unterstützung durch die Personalabteilung oder durch geplante Treffen geschehen, die speziell für das Aussprechen und Lösen von Konflikten vorgesehen sind.

9. Wertschätzung unterschiedlicher Sichtweisen: Pflegen Sie ein Umfeld, das unterschiedliche Perspektiven und Erfahrungen schätzt. Diese Vielfalt kann zu kreativeren Problemlösungen führen und die Wahrscheinlichkeit von Echokammern, die Konflikte verschärfen können, verringern.

10. Überwachung und Lernen aus Konflikten: Betrachten Sie Konflikte als Lernmöglichkeiten. Die Analyse, wie Konflikte gehandhabt wurden und zu welchen Ergebnissen sie geführt haben, kann wertvolle Erkenntnisse für die Verbesserung künftiger Konfliktmanagementstrategien liefern.

Durch die Förderung eines Umfelds mit diesen Merkmalen können Organisationen sicherstellen, dass Konflikte nicht nur bewältigt, sondern als Chance für Wachstum und Verbesserung genutzt werden. Ein solcher Ansatz zur Konfliktlösung kann zu einem kohärenteren, dynamischeren und produktiveren Arbeitsplatz führen.

Zum Abschluss des Kapitels über den Umgang mit Konflikten und Machtkämpfen in der Chefetage ist es wichtig, Strategien hervorzuheben, die verhindern können, dass unnötige Konflikte überhaupt erst entstehen. Ein proaktiver Ansatz zur Konfliktvermeidung ist oft effektiver als die Beilegung von Streitigkeiten, nachdem sie eskaliert sind.

Die Schaffung einer klaren und gemeinsamen Vision in der Führungsetage ist eine der wirksamsten Strategien. Wenn sich alle Mitglieder an den Zielen der Organisation orientieren, ist die Wahrscheinlichkeit von Konflikten aufgrund von nicht übereinstimmenden Tagesordnungen gering. Diese Übereinstimmung kann durch regelmäßige, offene Diskussionen über die Richtung und die Prioritäten der Organisation erreicht werden.

Die Festlegung klarer Rollen und Verantwortlichkeiten ist ein weiteres wichtiges Element. Wenn sich die Vorstandsmitglieder über ihre eigene Rolle und die der anderen im Klaren sind, wird das Potenzial für Machtkämpfe und Gebietsstreitigkeiten verringert. Diese Klarheit kann durch klar definierte Stellenbeschreibungen, Vorstandschartas und regelmäßige Rollenüberprüfungen gefördert werden.

Die Förderung einer Kultur des gegenseitigen Respekts und der Wertschätzung ist ebenfalls entscheidend. Wenn sich die Vorstandsmitglieder wertgeschätzt und respektiert fühlen, arbeiten sie eher zusammen und lassen sich seltener auf Machtkämpfe ein. Diese Kultur kann gefördert werden, indem die Beiträge der einzelnen Mitglieder anerkannt und gewürdigt werden und sichergestellt wird, dass alle Stimmen gehört und bei Entscheidungsprozessen berücksichtigt werden.

Die Entwicklung effektiver Kommunikationskanäle ist der Schlüssel zur Vermeidung von Missverständnissen und

Fehlkommunikation, die eine häufige Ursache für Konflikte sind. Dazu gehört nicht nur die formelle Kommunikation bei Vorstandssitzungen, sondern auch informelle Kanäle, die einen offenen und ehrlichen Dialog zwischen den Vorstandsmitgliedern ermöglichen.

Schließlich können Investitionen in Teambildung und berufliche Entwicklung die Beziehungen und die Zusammenarbeit im Vorstand verbessern. Aktivitäten, die das Vertrauen und das Verständnis zwischen den Vorstandsmitgliedern fördern, können dazu beitragen, Konflikte zu vermeiden und ein einheitliches Vorgehen bei der Leitung und Führung zu gewährleisten.

Um unnötige Konflikte und Machtkämpfe im Vorstand zu vermeiden, ist ein vielseitiger Ansatz erforderlich, der sich auf die Schaffung von Übereinstimmung, Klarheit, Respekt, effektiver Kommunikation und starken Beziehungen zwischen den Vorstandsmitgliedern konzentriert. Durch die Anwendung dieser Strategien können Vorstände ein kohärenteres und produktiveres Umfeld schaffen, das Konflikte minimiert und eine effektive, kooperative Führung begünstigt.

Kapitel 3: Führungsstile - Was Ihnen die Lehrbücher nicht verraten

Kapitel 3 unserer Untersuchung befasst sich mit dem Konzept der charismatischen Führung und der Art und Weise, wie es in der Führungsliteratur typischerweise dargestellt wird. Charismatische Führung ist ein Stil, der sich durch die Fähigkeit einer Führungskraft auszeichnet, ihre Anhänger durch ihren persönlichen Charme, ihre überzeugende Kommunikation und ihre magnetische Persönlichkeit zu inspirieren und zu motivieren. Dieser Führungsstil wird oft mit transformatorischen Qualitäten in Verbindung gebracht, bei denen die Vision und die Leidenschaft der Führungskraft bei den Anhängern Begeisterung und Engagement auslösen.

In der Führungsliteratur werden charismatische Führungskräfte oft als heroische und visionäre Persönlichkeiten dargestellt. Ihnen werden außergewöhnliche Kommunikationsfähigkeiten, die Fähigkeit, eine überzeugende Vision zu formulieren, und eine starke Präsenz zugeschrieben, die die Menschen um sie herum in ihren Bann zieht und inspiriert. Diese Führungspersönlichkeiten werden oft als Change Agents gesehen, die durch ihre schiere Willenskraft und persönliche Anziehungskraft Organisationen verändern können.

Die Darstellung charismatischer Führung in der Literatur betont in der Regel die positiven Aspekte dieses Stils. Charismatischen Führungskräften wird nachgesagt, dass sie in der Lage sind, eine starke emotionale Bindung zu ihren Anhängern aufzubauen, was zu einem hohen Maß an Engagement, Loyalität und Leistung führt. Sie werden oft als Personen gesehen, die den Status quo in Frage stellen, bedeutende Veränderungen herbeiführen und außergewöhnliche Ergebnisse erzielen.

Bei dieser idealisierten Darstellung werden jedoch auch einige der potenziellen Nachteile oder Grenzen charismatischer Führung übersehen. So werden beispielsweise häufig die Risiken unterschätzt, die entstehen, wenn man sich zu sehr auf eine einzige charismatische Führungspersönlichkeit verlässt, oder das Potenzial, dass solche Führungspersönlichkeiten einen Personenkult fördern. In der Literatur werden die Herausforderungen, denen sich charismatische Führungspersönlichkeiten stellen müssen, wenn sie ihren Einfluss langfristig aufrechterhalten oder die alltäglichen operativen Aspekte der Führung bewältigen wollen, bisweilen ausgeblendet.

In diesem Kapitel versuchen wir, eine ausgewogene Sichtweise der charismatischen Führung zu vermitteln, indem wir ihre starke Wirkung anerkennen, aber auch ihre potenziellen Fallstricke aufzeigen. Auf diese Weise wollen wir ein differenzierteres Verständnis dessen vermitteln, was charismatische Führung bedeutet und wie sie sich in die komplexe Landschaft der Organisationsführung einfügt.

Der Reiz charismatischer Führung liegt in ihrer Fähigkeit, Menschen tiefgreifend zu beeinflussen und zu motivieren, aber dieselbe Macht kann auch Risiken mit sich bringen, was Charisma zu einem zweischneidigen Schwert in der Führung macht.

Charisma ermöglicht es Führungskräften, ihre Anhänger zu inspirieren und zu fesseln. Charismatische Führungskräfte gelten oft als visionär und überzeugend und sind in der Lage, eine überzeugende Zukunft zu formulieren, die die Menschen um sie herum begeistert und motiviert. Ihre Energie und Zuversicht können ansteckend wirken und führen oft zu mehr Begeisterung und Engagement im Team oder in der Organisation. In schwierigen Zeiten, z. B. bei organisatorischen Veränderungen oder Krisen, ist die Fähigkeit einer charismatischen Führungspersönlichkeit, ihr Team zu sammeln und zu motivieren, besonders wertvoll. Sie können ein Gefühl der Hoffnung und der Orientierung vermitteln, was für die Bewältigung von Ungewissheit entscheidend ist.

Gerade die Eigenschaften, die charismatische Führungskräfte so attraktiv machen, können auch eine Belastung sein. Eines der Hauptrisiken ist die Gefahr, dass man sich zu sehr auf die Führungskraft verlässt. Wenn ein Team oder eine Organisation zu sehr von der Leitung und der Vision einer charismatischen Führungskraft abhängig wird, kann dies das unabhängige Denken und die Initiative der anderen Mitglieder unterdrücken. Diese Abhängigkeit kann zu einer Situation führen, in der die Organisation Schwierigkeiten hat, sich in der Abwesenheit der Führungskraft zu behaupten, da sie keine Kultur der gemeinsamen Führung und Verantwortung entwickelt hat.

Charisma kann manchmal zu einem Personenkult führen, bei dem Entscheidungen und Strategien mehr durch die persönliche Anziehungskraft der Führungskraft und weniger durch rationale Analysen oder gemeinschaftliche Entscheidungsfindung bestimmt werden. Dies kann zu unangefochtenen Entscheidungen führen, da die Anhänger nur ungern die Ansichten einer charismatischen Führungskraft in Frage stellen oder ihnen widersprechen, was zu einem Mangel an unterschiedlichen Perspektiven in Entscheidungsprozessen führt.

Charismatische Führungspersönlichkeiten könnten ihren persönlichen Visionen oder Zielen Vorrang vor den umfassenderen Interessen der Organisation einräumen, vor allem, wenn ihr Ego ihren Führungsstil zu bestimmen beginnt. Dies kann zu riskanten Entscheidungen und Strategien führen, die auf lange Sicht nicht tragfähig sind. Charisma kann für eine Führungskraft zwar ein mächtiger Aktivposten sein, der es ihr ermöglicht, zu inspirieren und effektiv zu führen, aber es birgt auch potenzielle Risiken. Es erfordert ein sorgfältiges Management und ein bewusstes Bemühen, unterschiedliche Standpunkte und eine gemeinsame Führung innerhalb der Organisation zu fördern. Dieses Gleichgewicht gewährleistet, dass die positiven Aspekte des Charismas genutzt werden können, ohne in die mit diesem Führungsstil verbundenen Fallstricke zu geraten.

Die Untersuchung realer Beispiele charismatischer Führungspersönlichkeiten bietet Einblicke in die Erfolge und Misserfolge, die mit diesem Führungsstil verbunden sind.

Steve Jobs - Apple Inc.

Steve Jobs, Mitbegründer und ehemaliger CEO von Apple Inc. wird oft als Paradebeispiel für eine charismatische Führungspersönlichkeit genannt. Seine Visionen, seine Leidenschaft für Innovationen und seine bemerkenswerte Fähigkeit, mit dem Publikum in Kontakt zu treten, waren legendär. Jobs' Charisma war ein Schlüsselfaktor für den Wiederaufschwung von Apple in den späten 1990er und frühen 2000er Jahren. Er war maßgeblich an der Einführung bahnbrechender Produkte wie dem iPod, dem iPhone und dem iPad beteiligt, die zahlreiche Branchen revolutionierten. Jobs' Vertrauen auf sein Charisma hatte jedoch auch seine Schattenseiten. Sein Managementstil wurde oft als schroff und fordernd beschrieben, und sein singulärer Fokus führte gelegentlich zu erheblichen Versäumnissen, wie etwa dem anfänglichen Scheitern von Apples MobileMe-Dienst und den Antennenproblemen mit dem iPhone 4.

Elizabeth Holmes - Theranos

Elizabeth Holmes, die Gründerin von Theranos, ist ein Beispiel dafür, wie Charisma zu einer Belastung wurde. Holmes bezauberte Investoren und die Medien mit ihrer Vision, die Bluttests zu revolutionieren. Ihre fesselnden Erzählungen und ihre überzeugende Persönlichkeit brachten ihr erhebliche Investitionen ein. Später stellte sich jedoch heraus, dass die von ihrer propagierte Technologie nicht wie versprochen funktionierte. Das Unternehmen musste rechtliche Auseinandersetzungen führen und wurde schließlich aufgelöst. Der Fall Holmes ist ein Beispiel dafür, wie das Vertrauen auf Charisma ohne Substanz zu katastrophalen Misserfolgen führen kann.

Richard Branson - Virgin-Gruppe

Richard Branson von der Virgin Group ist bekannt für seinen charismatischen Führungsstil, der von Abenteuerlust und unkonventionellen Ansätzen geprägt ist. Sein Charisma war eine treibende Kraft hinter dem Image der Marke Virgin und ihrer Expansion in verschiedene Branchen. Bransons sympathisches und medienfreundliches Auftreten hat dazu beigetragen, Kunden zu binden und Talente für seine Unternehmungen zu gewinnen. Allerdings waren nicht alle von Bransons charismatischen Unternehmungen erfolgreich; Virgin Cola zum Beispiel konnte sich auf dem Markt für Erfrischungsgetränke nicht durchsetzen, was zeigt, dass selbst der Enthusiasmus und die Überzeugung einer charismatischen Führungspersönlichkeit nicht immer ausreichen, um Erfolg zu garantieren.

Diese Beispiele verdeutlichen, dass Charisma zwar ein mächtiges Instrument zur Inspiration und Führung sein kann, dass es aber mit operativer Kompetenz, ethischen Überlegungen und der Bereitschaft, auf Feedback zu hören, in Einklang gebracht werden muss. Charismatische Führungskräfte müssen sich der Gefahr bewusst sein, dass sie sich zu sehr auf ihre persönliche Anziehungskraft verlassen, und sicherstellen, dass ihre Führung auf nachhaltigen Praktiken und realistischen Zielen beruht.

Eines der größten Probleme bei einem Führungsstil, der sich stark auf Charisma stützt, ist die Entstehung von Abhängigkeit. Die Gefolgschaft kann von der Persönlichkeit und der Vision der Führungskraft so sehr angetan sein, dass sie sich in Bezug auf Führung und Inspiration zu sehr auf die Führungskraft verlässt. Diese Abhängigkeit kann die Entwicklung von unabhängigem Denken und Initiative innerhalb des Teams oder der Organisation behindern. Langfristig kann sich dies nachteilig auswirken, da die Organisation in Abwesenheit der charismatischen Führungspersönlichkeit nur schwer funktionieren kann, da es ihr an Selbstständigkeit und Widerstandsfähigkeit mangelt.
Charismatische Führung kann manchmal zu Strategien und Entscheidungen führen, die mehr von der persönlichen Vision der Führungskraft und weniger von pragmatischen Erwägungen geleitet werden, was Bedenken hinsichtlich der Nachhaltigkeit aufwerfen kann. Solche Führungspersönlichkeiten können zwar

rasche Veränderungen herbeiführen und kurzfristige Erfolge erzielen, doch sind diese auf lange Sicht nicht immer nachhaltig. Die Konzentration auf die Vision einer Führungskraft kann die praktischen Aspekte der Umsetzung, des operativen Managements und der langfristigen Planung überschatten, was zu Problemen bei der Aufrechterhaltung der anfänglichen Dynamik führt.

Charisma kann, wenn es mit einer Machtposition verbunden ist, manchmal zu seinem Missbrauch führen. Charismatische Führungskräfte können, wenn sie nicht kontrolliert werden, anfangen, an ihre Unfehlbarkeit zu glauben, was zu autokratischen Entscheidungen führt. Der Rausch von Charisma und Macht kann zu egozentrischen Entscheidungen führen, die möglicherweise nicht im besten Interesse der Organisation oder ihrer Stakeholder sind. Darüber hinaus kann die Überzeugungskraft charismatischer Führungspersönlichkeiten manchmal dazu genutzt werden, die Gefolgschaft zum eigenen Vorteil zu manipulieren oder unethische Ziele voranzutreiben.

Um diese Risiken zu mindern, ist es für Organisationen wichtig, Kontrollen und Ausgleiche zu schaffen. Dazu gehört die Förderung einer Kultur des offenen Dialogs und des kritischen Denkens, in der unterschiedliche Perspektiven gefördert und geschätzt werden. Der Aufbau einer starken zweiten Führungsebene kann ebenfalls dazu beitragen, die Abhängigkeit zu verringern und sicherzustellen, dass die Organisation über einen Pool von Führungskräften verfügt, die zu ihrer Nachhaltigkeit beitragen können. Darüber hinaus sind Transparenz in den Entscheidungsprozessen und die Rechenschaftspflicht der Führungskräfte für ihr Handeln entscheidende Schritte, um Machtmissbrauch zu verhindern.

Für charismatische Führungspersönlichkeiten ist die Konzentration auf greifbare Ergebnisse und ethische Führung von entscheidender Bedeutung, um sicherzustellen, dass ihr Stil sowohl effektiv als auch nachhaltig ist. Eine wirksame Strategie besteht darin, ihre Vision in realistischen Zielen und umsetzbaren Plänen zu verankern. Charismatische Führungspersönlichkeiten zeichnen oft ein überzeugendes Bild der Zukunft, aber sie müssen diese Vision mit klaren, erreichbaren Zielen und einer soliden Strategie zu deren Umsetzung verbinden. Dieser Ansatz hilft ihnen dabei, ihre inspirierenden Ideen in konkrete Ergebnisse umzusetzen.

Eine weitere wichtige Strategie besteht darin, ein starkes, vielfältiges Team um sich herum aufzubauen. Charismatische Führungskräfte sollten sich mit kompetenten Personen umgeben, die ihre Stärken ergänzen und ihre Schwächen kompensieren können. Zu diesem Team sollten Menschen gehören, die sich nicht scheuen, andere Meinungen zu vertreten oder die Ideen der Führungskraft in Frage zu stellen, um eine Kultur des offenen Dialogs und des kritischen Denkens zu fördern.

Magnetische Führungskräfte sollten ihr Selbstbewusstsein kultivieren und sich regelmäßig um Feedback bemühen. Es ist von entscheidender Bedeutung, dass sie sich bewusst sind, wie sich ihre Handlungen und Entscheidungen auf andere und die Organisation als Ganzes auswirken. Sie sollten sich aktiv um Feedback von ihrem Team und ihren Kollegen bemühen, um sicherzustellen, dass ihr Führungsstil bodenständig und auf das Gemeinwohl ausgerichtet bleibt.

Ethische Überlegungen sind bei der Entscheidungsfindung ebenfalls von entscheidender Bedeutung. Charismatische Führungskräfte sollten sicherstellen, dass ihre Entscheidungen und Handlungen mit ethischen Standards und den Grundwerten der Organisation übereinstimmen. Sie sollten in ihrem Handeln transparent sein und für ihre Entscheidungen einstehen, um ein Beispiel für ethisches Verhalten innerhalb der Organisation zu geben.

Die Konzentration auf die Entwicklung anderer Führungskräfte innerhalb der Organisation kann ebenfalls zur Sicherung der Nachhaltigkeit beitragen. Indem sie andere anleiten und befähigen, können charismatische Führungskräfte ein Vermächtnis schaffen, das über ihren persönlichen Einfluss hinausgeht und den anhaltenden Erfolg des Unternehmens gewährleistet. Es ist wichtig, ein Gleichgewicht zwischen Inspiration und Ausführung zu wahren. Auch wenn es wichtig ist, ihr Team zu inspirieren, sollten charismatische Führungskräfte auch den operativen und verwaltungstechnischen Aspekten der Führung große Aufmerksamkeit schenken und sicherstellen, dass das Tagesgeschäft der Organisation mit den langfristigen strategischen Zielen übereinstimmt.

Damit überzeugende Führungspersönlichkeiten effektiv und ethisch einwandfrei arbeiten können, müssen sie ihre Vision in der Praxis verankern, ein starkes und vielfältiges Team aufbauen, ihr Selbstbewusstsein kultivieren, ethischen Entscheidungen Vorrang einräumen, andere Führungspersönlichkeiten fördern und Inspiration und Umsetzung in Einklang bringen. Diese Strategien stellen sicher, dass sich ihr Charisma in positiven, nachhaltigen Ergebnissen für ihre Organisationen niederschlägt.

Das Charisma einer Führungspersönlichkeit kann einen tiefgreifenden Einfluss auf die Kultur einer Organisation haben und diese auf verschiedene Weise prägen, sowohl im positiven als auch im negativen Sinne. Auf der positiven Seite können die Energie, die Vision und der Enthusiasmus einer charismatischen Führungskraft sehr ansteckend sein und ein Arbeitsumfeld schaffen, das dynamisch, inspirierend und motivierend ist. Mitarbeiter fühlen sich oft engagierter und engagierter, wenn sie von jemandem geführt werden, der leidenschaftlich und überzeugend ist. Dies kann zu einer Kultur führen, in der Innovation und Kreativität gefördert werden, da die Vision der Führungskraft das Unternehmen dazu antreibt, neue Ideen zu entwickeln und Grenzen zu überschreiten.

Führungspersönlichkeiten mit Charisma zeichnen sich häufig auch durch ihre Fähigkeit aus, Geschichten zu erzählen und zu kommunizieren, was dazu beiträgt, ein starkes Gefühl der Identität und Einheit innerhalb der Organisation zu schaffen. Sie sind in der Lage, den Auftrag und die Werte des Unternehmens auf eine Weise zu vermitteln, die bei den Mitarbeitern auf große Resonanz stößt und ein starkes Gefühl der Zielsetzung und Zugehörigkeit fördert. Dies kann zu einer kohäsiven Kultur mit einer klaren Ausrichtung und gemeinsamen Zielen führen.

Der Einfluss einer charismatischen Führungspersönlichkeit auf die Organisationskultur kann auch Nachteile mit sich bringen. Ein Risiko ist die Entwicklung einer Kultur der Abhängigkeit, in der sich die Mitarbeiter in Bezug auf Führung und Motivation zu sehr auf die Führungskraft verlassen. Dies kann die Initiative und Unabhängigkeit der Mitarbeiter unterdrücken, da sie möglicherweise zögern, Maßnahmen zu ergreifen oder Entscheidungen zu treffen, ohne den Input der Führungskraft zu erhalten. Es besteht auch die Gefahr, dass sich ein Personenkult um die Führungskraft entwickelt. Wenn sich die Kultur zu sehr auf eine einzelne Person konzentriert, kann dies zu einem Mangel an Vielfalt an Ideen und Perspektiven führen. Diese Situation kann kritisches Denken und abweichende Meinungen verhindern, da sich die Mitarbeiter gezwungen fühlen, sich den Ansichten der Führungskraft anzuschließen.

Wenn das Charisma der Führungskraft in egozentrisches Verhalten übergeht, kann dies zu einer Kultur der Arroganz und des Selbstvertrauens führen. Eine solche Kultur könnte Risiken herunterspielen und Warnzeichen ignorieren, was die Organisation zu unklugen Entscheidungen oder ethischen Fehltritten verleiten könnte. Eine charismatische Führungspersönlichkeit kann die Kultur eines Unternehmens zwar auf anregende und verbindende Weise prägen, aber es muss ein Gleichgewicht herrschen. Es ist wichtig, dass diese Führungspersönlichkeiten eine Kultur fördern, die unterschiedliche Perspektiven schätzt und zur Unabhängigkeit ermutigt, gleichzeitig aber auch Bescheidenheit und ethische Standards beibehält. Dieses Gleichgewicht gewährleistet, dass die positiven Aspekte des Charismas zu einer gesunden und nachhaltigen Organisationskultur beitragen.

Transaktionale und transformationale Führung sind zwei unterschiedliche Konzepte in der Untersuchung von Führungsstilen, die jeweils ihre eigenen Merkmale und gemeinsame Interpretationen haben.

Transaktionale Führung

Dieser Führungsstil basiert auf einem System des Austauschs zwischen der Führungskraft und den Gefolgsleuten. Bei der transaktionalen Führung gibt es eine klare Beziehung zwischen Geben und Nehmen. Führungskräfte, die diesen Ansatz verfolgen, bieten Belohnungen oder Anerkennung im Austausch für die Leistung oder Einhaltung der Vorgaben ihrer Mitarbeiter. Der Schwerpunkt liegt auf dem Erreichen festgelegter Ziele, der Aufrechterhaltung des Status quo und der effizienten Verwaltung von Aufgaben und Prozessen. Transaktionale Führungskräfte verwenden in der Regel strukturierte Richtlinien und Verfahren, und ihre Interaktionen mit den Mitarbeitern drehen sich häufig darum, ob die Erwartungen und Anforderungen erfüllt werden. Dieser Führungsstil wird gemeinhin als eher direktiv und leistungsabhängig interpretiert; er ist in stabilen Umgebungen oder bei routinemäßigen und klar definierten Aufgaben wirksam.

Transformationale Führung

Andererseits konzentriert sich die transformationale Führung darauf, die Mitarbeiter zu inspirieren und zu motivieren, mehr zu leisten als das, was von ihnen normalerweise erwartet wird. Dieser Stil beinhaltet ein hohes Maß an Kommunikation seitens der Führungskräfte, um ihre Vision zu vermitteln, ein Gefühl der Zugehörigkeit und des Engagements zu fördern und die Mitarbeiter zu ermutigen, einen Beitrag zu den größeren Zielen der Organisation zu leisten. Transformatorische Führungskräfte werden als Vorbilder gesehen, die Vertrauen und Respekt einflößen, und sie arbeiten daran, das Potenzial ihrer Teammitglieder zu entwickeln, indem sie Innovation und Kreativität fördern. Dieser Führungsstil wird oft als ganzheitlicher und integrativer interpretiert, der sich auf das persönliche und organisatorische Wachstum konzentriert. Die transformationale Führung ist besonders wirksam in dynamischen Umgebungen, in denen Veränderungen und Innovationen erforderlich sind.

Während bei der transaktionalen Führung Struktur, Belohnung und aufgabenorientierte Ziele im Mittelpunkt stehen, geht es bei der transformationalen Führung eher darum, die Mitarbeiter durch visionäre Führung und persönliche Entwicklung zu inspirieren und zu motivieren. Beide Stile haben ihre eigenen Stärken und können in unterschiedlichen organisatorischen Kontexten und Situationen wirksam sein.

Die Kategorisierung von Führung in verschiedene Stile wie transaktionale und transformationale Führung kann ein nützlicher Rahmen für das Verständnis verschiedener Führungsansätze sein. In der Praxis umfasst Führung jedoch oft eine Mischung aus beiden Stilen, was im Gegensatz zu der klaren Kategorisierung steht, die in den Führungstheorien häufig verwendet wird.

In der Praxis kann es vorkommen, dass Führungskräfte feststellen, dass es nicht ausreicht, sich nur auf einen Stil zu verlassen, um den unterschiedlichen Bedürfnissen ihrer Organisation und ihrer Mitarbeiter gerecht zu werden. Eine wirksame Führung erfordert häufig die Flexibilität, den eigenen Stil an die jeweilige Situation anzupassen. Transaktionale Elemente wie das Setzen klarer Ziele, die Bereitstellung von Feedback und die Belohnung von Leistung sind von grundlegender Bedeutung für die Aufrechterhaltung der Ordnung, die Sicherstellung der Aufgabenerfüllung und das Erreichen kurzfristiger Ziele. Diese Aspekte sind besonders wichtig in stabilen Umgebungen oder in Situationen, in denen Aufgaben Routine sind und bestimmte Ergebnisse erwünscht sind.

Die ausschließliche Konzentration auf transaktionale Führung kann das Potenzial für Innovation und langfristiges Wachstum einschränken. An dieser Stelle kommen transformatorische Elemente ins Spiel. Die Inspiration und Motivation der Mitarbeiter, die Förderung einer gemeinsamen Vision und die Ermutigung zur persönlichen und beruflichen Weiterentwicklung sind entscheidend für die Anpassung an den Wandel, die Förderung von Innovationen und den Aufbau einer engagierten und agilen Belegschaft.

Die transformationale Führung kann die Wirksamkeit der transaktionalen Führung erhöhen. So kann eine Führungskraft, die ihr Team inspiriert und motiviert (transformationale Führung), oft bessere Ergebnisse bei der Festlegung von Zielen und Erwartungen (transaktionale Führung) erzielen. Ebenso reagieren Mitarbeiter, die sich wertgeschätzt und inspiriert fühlen, eher positiv auf transaktionale Methoden wie leistungsbezogene Belohnungen.

Führungskräfte, die beide Stile geschickt kombinieren, können einen dynamischen und reaktionsfähigen Führungsansatz entwickeln. Sie können für Effizienz und Stabilität sorgen und gleichzeitig Kreativität, Anpassungsfähigkeit und langfristiges Wachstum fördern. Dieser kombinierte Ansatz ist vor allem in der heutigen schnelllebigen und sich ständig verändernden Geschäftswelt von Bedeutung, in der Führungskräfte ein Gleichgewicht zwischen der Notwendigkeit einer konstanten Leistung und der Notwendigkeit von Innovation und Weiterentwicklung finden müssen.

In der Landschaft der Organisationsführung haben verschiedene Führungspersönlichkeiten sowohl transaktionale als auch transformationale Stile gekonnt eingesetzt und ihren Ansatz auf die Bedürfnisse ihrer Organisationen und Situationen zugeschnitten. Hier sind einige Beispiele, die diese Mischung veranschaulichen:

Beispiel 1: Anne Mulcahy bei Xerox

Als Anne Mulcahy CEO von Xerox wurde, befand sich das Unternehmen in großen finanziellen Schwierigkeiten. Mulcahy setzte eine Mischung aus transaktionalem und transformationalem Führungsstil ein, um das Unternehmen zu sanieren. Auf der transaktionalen Seite führte sie Maßnahmen zur Kostensenkung ein, straffte die Abläufe und konzentrierte sich auf die Verbesserung der kurzfristigen finanziellen Leistung. Gleichzeitig verfolgte sie einen transformativen Ansatz, indem sie die Unternehmenskultur neu aufbaute, die Mitarbeiter mit einer neuen Vision für Xerox inspirierte und Innovation und Kundenorientierung förderte. Ihre Fähigkeit, die Praktikabilität der transaktionalen Führung mit der Inspiration der transformationalen Führung zu verbinden, war der Schlüssel zur Wiederbelebung von Xerox.

Beispiel 2: Satya Nadella bei Microsoft

Die Amtszeit von Satya Nadella bei Microsoft zeigt eine Mischung aus beiden Führungsstilen. Als er das Amt des CEO übernahm, konzentrierte er sich auf die Umgestaltung der Unternehmenskultur (transformational), indem er von einer "Alleswisser-" zu einer "Alles-Lern-Mentalität" überging und so eine Kultur des kontinuierlichen Lernens und der Innovation förderte. Er führte auch bedeutende strategische Veränderungen ein, darunter eine stärkere Konzentration auf Cloud Computing und KI. Gleichzeitig nutzte Nadella transaktionale Elemente, indem er klare Leistungsziele festlegte, Teams zur Verantwortung zog und Geschäftsbereiche umstrukturierte, um Effizienz und Rentabilität zu verbessern.

Beispiel 3: Mary Barra bei General Motors

Als CEO von General Motors (GM) demonstrierte Mary Barra sowohl transformationale als auch transaktionale Führung. Barra führte GM durch einen bedeutenden Kulturwandel, bei dem Transparenz, Verantwortung und Kundenorientierung im Vordergrund standen (transformatorisch). Außerdem führte sie das Unternehmen durch eine bedeutende Umgestaltung seiner Produktpalette und investierte in elektrische und autonome Fahrzeuge. Auf der transaktionalen Seite führte Barra strenge Leistungskennzahlen ein und straffte die Abläufe, um die Effizienz und die finanzielle Leistung zu verbessern, wobei sie sich auf greifbare Ergebnisse konzentrierte.

Diese Beispiele zeigen, dass effektive Führung oft eine Mischung aus transaktionalen und transformationalen Elementen beinhaltet. Führungskräfte wie Mulcahy, Nadella und Barra haben komplexe organisatorische Herausforderungen erfolgreich gemeistert, indem sie einen ausgewogenen Ansatz verfolgten und ihren Führungsstil an die Bedürfnisse ihres Unternehmens und die spezifischen Herausforderungen anpassten. Diese Vielseitigkeit der Führungsstile ist eine wesentliche Voraussetzung für die Bewältigung der vielfältigen und dynamischen Herausforderungen der modernen Unternehmensführung.

Die wirksame Umsetzung transaktionaler und transformationaler Führungsstile in der Praxis bringt eine Reihe von Herausforderungen und Nuancen mit sich. Führungskräfte stellen häufig fest, dass die theoretischen Aspekte dieser Stile an den einzigartigen Kontext und die Kultur ihrer Organisationen sowie an die spezifischen Situationen, mit denen sie konfrontiert sind, angepasst werden müssen.

Herausforderungen bei der Umsetzung der transaktionalen Führung:

1. Ausgewogenheit von Belohnungen und Sanktionen: Eine Herausforderung besteht darin, das richtige Gleichgewicht zwischen Belohnungen und Sanktionen zu finden. Eine Überbetonung der einen oder anderen Seite kann zu Problemen wie Selbstgefälligkeit oder einer angstgetriebenen Kultur führen.

2. Flexibilität beibehalten: Transaktionale Führung kann manchmal zu starr sein und sich stark auf Regeln und Verfahren konzentrieren. Diese Starrheit kann Kreativität und Anpassungsfähigkeit unterdrücken, insbesondere in einem sich schnell verändernden Umfeld.

3. Gewährleistung von Fairness: Es kann eine Herausforderung sein, dafür zu sorgen, dass Belohnungen und Anerkennungen als gerecht empfunden werden und auf objektiven Kriterien beruhen, aber sie sind entscheidend für die Aufrechterhaltung von Moral und Vertrauen.

Herausforderungen bei der Umsetzung der transformationalen Führung:

1. Vision und Realität in Einklang bringen: Eine zentrale Herausforderung besteht darin, sicherzustellen, dass die

inspirierende Vision einer transformationalen Führungspersönlichkeit in der Realität verankert ist. Zu ehrgeizige Visionen können zu unrealistischen Erwartungen und schließlich zu Enttäuschung oder Burnout führen.

2. Vermeidung von übermäßiger Abhängigkeit: Es besteht die Gefahr, eine Kultur zu schaffen, in der die Anhänger in Bezug auf Inspiration und Führung zu sehr von der Führungskraft abhängig werden, was problematisch sein kann, wenn die Führungskraft ausscheidet oder ihre Rolle wechselt.

3. Gleichgewicht zwischen Charisma und Substanz: Führungspersönlichkeiten müssen sicherstellen, dass ihr Charisma und ihre inspirierenden Qualitäten durch substanzielle Maßnahmen und Strategien untermauert werden. Andernfalls riskieren sie, an Glaubwürdigkeit und Wirksamkeit zu verlieren.

Nuancen bei der effektiven Umsetzung:

- Anpassung an den Kontext: Führungskräfte müssen ihren Führungsstil an den jeweiligen Kontext anpassen. So könnte in einer Krise ein eher direktiver (transaktionaler) Ansatz erforderlich sein, während in Zeiten des strategischen Wandels ein transformatorischer Ansatz effektiver sein könnte.

- Personalisierung: Der Führungsstil sollte mit der authentischen Persönlichkeit der Führungskraft übereinstimmen. Führungskräfte, die versuchen, einen Stil zu übernehmen, der nicht zu ihnen passt, können unauthentisch wirken.

- Kulturelle Sensibilität: Führungskräfte müssen sich des kulturellen Kontextes ihrer Organisation bewusst sein. Verschiedene Kulturen können unterschiedlich auf transaktionale und transformationale Ansätze reagieren.

- Entwicklung der emotionalen Intelligenz: Die wirksame Umsetzung beider Stile erfordert eine hohe emotionale Intelligenz - die Fähigkeit, die eigenen Emotionen zu verstehen und zu steuern und sich in andere hineinzuversetzen.

Die transaktionale und die transformationale Führung bieten einen nützlichen Rahmen; ihre praktische Umsetzung erfordert jedoch eine sorgfältige Berücksichtigung verschiedener Herausforderungen und Nuancen. Führungskräfte müssen ein Gleichgewicht finden und diese Stile an die spezifischen Bedürfnisse ihrer Organisation, die jeweilige Situation und ihre authentische Führungspersönlichkeit anpassen. Diese Flexibilität und Anpassungsfähigkeit sind der Schlüssel zu effektiver Führung.

Stärken der Transaktionalen Führung

Klarheit und Struktur: Dieser Stil sorgt für klare Erwartungen und genau definierte Rollen, was in Umgebungen, in denen Aufgaben Routine sind und Prozesse kontrolliert werden müssen, sehr effektiv sein kann.

Effizienz und Ordnung: Transaktionale Führung ist gut für die Aufrechterhaltung von Effizienz und Ordnung, insbesondere in großen, hierarchischen Organisationen, in denen klare Richtlinien und konsistente Leistung erforderlich sind.

Zielerreichung: Sie ist in Szenarien wirksam, in denen bestimmte Ziele innerhalb enger Fristen erreicht werden müssen, da sie sich auf die direkte Aufsicht und die Leistungsüberwachung konzentriert.

Schwachstellen der Transaktionalen Führung

Begrenzte Flexibilität: Dieser Stil kann zu starr sein und Kreativität und Innovation einschränken, insbesondere in dynamischen Branchen, in denen Anpassungsfähigkeit entscheidend ist.

Kurzfristige Ausrichtung: Oft werden kurzfristige Ziele auf Kosten einer langfristigen Planung und Vision betont.

Unzufriedenheit der Mitarbeiter: Ein übermäßiges Vertrauen auf Belohnungen und Bestrafungen kann zu einem Mangel an intrinsischer Motivation bei den Mitarbeitern führen, was ihr Engagement und ihre Zufriedenheit verringern kann.

Stärken der Transformatorischen Führung

Inspiration und Innovation: Dieser Stil eignet sich hervorragend für Umgebungen, die Veränderungen und Innovationen erfordern, da er sich darauf konzentriert, Mitarbeiter zu inspirieren und zu motivieren, die Erwartungen zu übertreffen.

Mitarbeiterentwicklung: Transformatorische Führungskräfte investieren in das Wachstum und die Entwicklung ihrer Mitarbeiter und fördern so eine qualifiziertere und engagiertere Belegschaft.

Anpassungsfähigkeit: Sie eignet sich gut für dynamische und sich schnell verändernde Branchen, in denen ein visionärer Ansatz und die Fähigkeit zur schnellen Anpassung entscheidend sind.

Schwächen der Transformationalen Führung

Gefahr des Burnout: Die hohe Energie und der Enthusiasmus von transformationalen Führungskräften können manchmal zu unrealistischen Erwartungen und Burnout führen, sowohl bei der Führungskraft als auch bei den Gefolgsleuten.

Übermäßige Abhängigkeit von der Führungskraft: Organisationen können sich zu sehr auf das Charisma der Führungskraft verlassen, was zu Problemen bei der Nachhaltigkeit und Nachfolgeplanung führen kann.

Mögliche Vernachlässigung operativer Details: Bei der Konzentration auf die große Vision könnten transformationale Führungskräfte die Feinheiten des Tagesgeschäfts übersehen.

In verschiedenen organisatorischen Szenarien ist jeder Führungsstil unterschiedlich effektiv. Der transaktionale Führungsstil eignet sich besser für stabile Umgebungen oder solche, in denen Präzision und Ordnung im Vordergrund stehen, während der transformationale Führungsstil in dynamischen Umgebungen gedeiht, die Anpassungsfähigkeit und Innovation erfordern. Die besten Führungskräfte kombinieren oft Elemente beider Stile und passen ihren Ansatz an die einzigartigen Anforderungen ihres organisatorischen Kontexts und die Bedürfnisse ihrer Teams an.

Die Anpassung von transaktionalen und transformationalen Führungsstilen an die heutigen organisatorischen Herausforderungen und vielfältigen Belegschaften erfordert einen nuancierten und flexiblen Ansatz, der die sich entwickelnde Natur der Arbeit und die unterschiedlichen Bedürfnisse der heutigen Mitarbeiter berücksichtigt.

Bei der transaktionalen Führung ist eine wichtige Anpassung die Betonung einer klaren, effektiven Kommunikation, die über die kulturellen und sprachlichen Unterschiede hinausgeht, die in unterschiedlichen Belegschaften bestehen. Darüber hinaus kann die Anpassung von Belohnungssystemen an eine Reihe von Motivatoren und Werten ihre Wirksamkeit erhöhen, da nicht alle Mitarbeiter durch dieselben Anreize angetrieben werden. Im Kontext moderner Arbeitsumgebungen, auch an entfernten oder hybriden Standorten, ist die Aktualisierung der Leistungsmanagementpraktiken von entscheidender Bedeutung, um Relevanz und Effektivität zu erhalten.

Bei der transformationalen Führung kann die Schaffung einer integrativen Vision durch die Einbeziehung von Teammitgliedern mit unterschiedlichem Hintergrund die Ausrichtung der Organisation bereichern und das Engagement erhöhen. Kulturelle Sensibilität ist für die Effektivität einer transformationalen Führungskraft in einer vielfältigen Belegschaft von größter Bedeutung, da sie ihre Fähigkeit, zu inspirieren und zu motivieren, verbessert. Außerdem kann das Erkennen und Eingehen auf unterschiedliche Entwicklungsbedürfnisse und Karrierewünsche zu einem engagierteren und kompetenteren Team führen.

Zu den allgemeinen Anpassungen, die auf beide Stile anwendbar sind, gehört der Einsatz von Technologie zur Steigerung der Führungseffizienz. Dies könnte durch digitale Tools zur Verfolgung und Verwaltung der Leistung in einem transaktionalen Rahmen oder zur Förderung der Zusammenarbeit und Kommunikation in einem transformatorischen Rahmen geschehen. Emotionale Intelligenz gewinnt zunehmend an Bedeutung, wenn es darum geht, sich in der vielfältigen emotionalen und kulturellen Landschaft der heutigen Arbeitswelt zurechtzufinden.

Angesichts der Volatilität des Marktes und des raschen technologischen Wandels ist die Förderung von Flexibilität und Widerstandsfähigkeit eine wesentliche Voraussetzung für eine zeitgemäße Führung. Führungskräfte müssen ein Gleichgewicht zwischen der Aufrechterhaltung von Ordnung und Effizienz und der Förderung von Wandel und Entwicklung schaffen und gleichzeitig auf die unterschiedlichen Bedürfnisse moderner Arbeitskräfte eingehen.

Eine detaillierte Fallanalyse von Führungskräften, die transaktionale und transformationale Führungsstile verkörpern, kann wertvolle Einblicke in die Komplexität und die Ergebnisse dieser Ansätze liefern.

Transaktionale Führung: Meg Whitman bei eBay

Meg Whitman wies während ihrer Amtszeit als CEO von eBay viele Merkmale einer transaktionalen Führung auf. Sie konzentrierte sich auf die Festlegung klarer Ziele und Erwartungen für das Unternehmen und war für ihren detailorientierten Ansatz bekannt. Whitman legte Wert auf Effizienz, beständige Leistung und Wachstum und half eBay, sich von einem Startup zu einem erfolgreichen multinationalen Unternehmen zu entwickeln. Unter ihrer Führung erlebte eBay eine beträchtliche Expansion, sowohl in Bezug auf die

Nutzerbasis als auch auf den finanziellen Erfolg. Whitmans transaktionaler Ansatz beinhaltete eine genaue Überwachung der Leistung und die Umsetzung strukturierter Strategien, um die Ziele des Unternehmens zu erreichen. Diese Konzentration auf Effizienz und schnelles Wachstum brachte jedoch auch Herausforderungen mit sich, insbesondere die Beibehaltung der ursprünglichen gemeinschaftsorientierten Unternehmenskultur. Einige Kritiker sind der Meinung, dass die Betonung von Struktur und Ergebnissen unter Whitmans Führung zu einem eher unternehmerischen und weniger innovativen Umfeld bei eBay führte.

Transformationale Führung: Howard Schultz bei Starbucks

Howard Schultz von Starbucks wird oft als Beispiel für transformationale Führung angeführt. Schultz' Ansatz zeichnete sich dadurch aus, dass er Starbucks nicht nur als Kaffeehaus, sondern als Zentrum der Gemeinschaft sah. Er konzentrierte sich darauf, Mitarbeiter zu inspirieren und zu motivieren, und betonte die Bedeutung des Kundenerlebnisses und der sozialen Verantwortung. Unter Schultz' Führung expandierte Starbucks schnell und wurde zu einer weltweit anerkannten Marke. Seine Vision und seine Fähigkeit, zu inspirieren, führten zu einer hoch motivierten Belegschaft und einer starken Unternehmenskultur. Schultz' transformationaler Führungsstil förderte Innovationen und sein Engagement für soziale Belange wie ökologische Nachhaltigkeit und Mitarbeiterwohlfahrt. Schultz' Fokus auf eine umfassende Vision führte jedoch manchmal zu Herausforderungen bei der effektiven Skalierung des Unternehmens, insbesondere auf internationalen Märkten, wo die Starbucks-Kultur nicht immer nahtlos übertragen werden konnte.

Sowohl Meg Whitman als auch Howard Schultz sind Beispiele für ihre jeweiligen Führungsstile, und ihre Ansätze führten zu bedeutenden Erfolgen für ihre Unternehmen. Beide standen jedoch auch vor Herausforderungen, die mit ihrem Stil zusammenhängen. Whitmans transaktionaler Führungsstil förderte zwar das Wachstum, ging aber möglicherweise auf Kosten der Unternehmenskultur. Schultz' transformationaler Stil förderte eine starke Kultur und Markenidentität, stieß jedoch bei der internationalen Expansion auf Herausforderungen. Diese Fälle zeigen, wie wichtig es ist, verschiedene Führungsaspekte auszubalancieren, um sich an die sich entwickelnden Bedürfnisse eines Unternehmens anzupassen.

Kapitel 4:

Entscheidungsfindung: Die

Bürde der Befehlsgewalt

Beginnen wir mit der Erforschung der Komplexität, mit der Führungskräfte konfrontiert sind, wenn sie Entscheidungen treffen müssen, bei denen alle zur Verfügung stehenden Möglichkeiten erhebliche Nachteile mit sich bringen. Diese Situation ist eine echte Bewährungsprobe für Führungskräfte, denn sie erfordert ein tiefes Verständnis der damit verbundenen Feinheiten und die Fähigkeit, diese effektiv zu meistern.

Führungskräfte befinden sich in solchen Szenarien oft in einem Dilemma, in dem jede Option ihre eigenen Risiken und Konsequenzen mit sich bringt. Die Herausforderung besteht darin, eine Entscheidung zu treffen, die die negativen Folgen so gering wie möglich hält und so gut wie möglich mit den Werten, Zielen und der langfristigen Vision des Unternehmens übereinstimmt.

Ein wichtiger Aspekt bei diesen Entscheidungen ist die gründliche Bewertung der Risiken und Auswirkungen. Die Führungskräfte müssen jede Option nicht nur im Hinblick auf ihre unmittelbaren Auswirkungen, sondern auch auf ihre langfristigen Folgen hin bewerten. Bei dieser Bewertung werden häufig finanzielle, ethische, operative und strategische Faktoren berücksichtigt.

Eine weitere wichtige Überlegung ist die Analyse der Interessengruppen. Es ist von entscheidender Bedeutung zu verstehen, wer von der Entscheidung betroffen sein wird und wie. Der Dialog mit den Interessengruppen, das Einholen ihrer Beiträge und das Nachempfinden ihrer Bedenken können wertvolle Erkenntnisse liefern und bei der Bewertung der potenziellen Auswirkungen der einzelnen Entscheidungen helfen.

In Situationen, in denen es keine guten Optionen gibt, rücken ethische Überlegungen in den Vordergrund. Führungskräfte müssen sich bei ihren Entscheidungen auf ihren moralischen Kompass verlassen und sicherstellen, dass ihre Entscheidungen, auch wenn sie schwierig sind, ethisch vertretbar sind und den Grundwerten der Organisation entsprechen.

Die Kommunikation von Entscheidungen in diesen Szenarien ist eine ebenso große Herausforderung. Führungskräfte müssen die Gründe für ihre Entscheidungen transparent darlegen und die Schwierigkeiten und das Fehlen idealer Optionen anerkennen. Zu einer wirksamen Kommunikation gehört nicht nur die Erläuterung der Entscheidung selbst, sondern auch das Eingehen auf die Bedenken und Gefühle der Betroffenen.

Emotionale Belastbarkeit ist der Schlüssel für Führungskräfte, die schwierige Entscheidungen treffen müssen. Sie müssen darauf vorbereitet sein, mit dem Stress umzugehen, der mit ihrer Rolle einhergeht, und mit den Rückschlägen, die auf ihre Entscheidungen folgen könnten. Diese Belastbarkeit ist entscheidend, um den Fokus aufrechtzuerhalten und die Organisation durch die Nachwirkungen der Entscheidung zu führen.

Als Führungskraft muss man häufig schwierige Entscheidungen treffen, die nicht jedem gefallen können. Dieses Konzept ist ein grundlegender Aspekt der Führungsrolle und verdeutlicht die Herausforderungen, mit denen Führungskräfte konfrontiert sind, wenn sie verschiedene Interessen und Perspektiven ausgleichen müssen.

In jeder Organisation haben Führungskräfte die Aufgabe, die Richtung vorzugeben, strategische Entscheidungen zu treffen und manchmal auch Konflikte zu lösen oder Ressourcen zuzuweisen. In diesen Situationen ist es fast unvermeidlich, dass einige Entscheidungen nicht mit den Präferenzen oder Erwartungen aller beteiligten Personen oder Gruppen übereinstimmen werden. Dies kann auf unterschiedliche Prioritäten, Sichtweisen oder auf das

Wesen von Kompromissen zurückzuführen sein, bei denen nicht alle Wünsche erfüllt werden können.

In Wirklichkeit geht es bei der Führung nicht darum, Einstimmigkeit anzustreben oder zu versuchen, es allen recht zu machen, was oft unmöglich ist. Stattdessen geht es darum, sachkundige und durchdachte Entscheidungen zu treffen, die den Interessen der Organisation als Ganzes dienen. Diese Entscheidungen müssen auf einer Kombination von Faktoren beruhen, darunter strategische Ziele, ethische Erwägungen, organisatorische Werte und die langfristige Vision für das Unternehmen.

Die Herausforderung für Führungskräfte besteht nicht nur darin, diese schwierigen Entscheidungen zu treffen, sondern auch die Nachwirkungen zu bewältigen. Dazu gehört es, die Gründe für die Entscheidungen effektiv zu kommunizieren, auf die Bedenken der Betroffenen einzugehen und die Moral und den Zusammenhalt innerhalb des Teams oder der Organisation zu erhalten.

Effektive Führungskräfte wissen, dass ihre Rolle von ihnen verlangt, sich in diesen komplexen Situationen zurechtzufinden, wenn nötig harte Entscheidungen zu treffen und auch bei Uneinigkeit oder Unzufriedenheit eine klare Richtung vorzugeben. Sie erkennen auch die Bedeutung von Einfühlungsvermögen, Kommunikation und Integrität in diesen Situationen und stellen sicher, dass ihre Entscheidungen nicht nur strategisch und solide, sondern auch fair und transparent sind.

Komplexe Situationen aufzuschlüsseln, um zu verstehen, was auf dem Spiel steht und welche Ergebnisse möglich sind, ist eine wichtige Fähigkeit für eine effektive Entscheidungsfindung, vor allem, wenn man mit Szenarien konfrontiert wird, für die es keine klaren oder günstigen Optionen gibt. Hier sind einige Techniken, die eingesetzt werden können:

Die erste Technik besteht darin, eine gründliche Analyse der Situation durchzuführen und sie in kleinere, besser handhabbare Komponenten zu zerlegen. Dazu gehört die Ermittlung der

Schlüsselelemente der Situation, wie z. B. die wichtigsten Probleme, die beteiligten Interessengruppen und die verfügbaren Beschränkungen und Ressourcen. Durch die Zerlegung der Situation wird es einfacher, die Komplexität und die Interdependenzen zu verstehen.

Eine weitere Technik ist die Verwendung von Entscheidungsrahmen oder -modellen. Diese können von einfachen Pro-Contra-Listen bis hin zu komplexeren Instrumenten wie SWOT-Analysen (Untersuchung von Stärken, Schwächen, Chancen und Risiken), Entscheidungsbäumen oder Kosten-Nutzen-Analysen reichen. Solche Rahmenwerke bieten einen strukturierten Ansatz für die Bewertung von Optionen und können helfen, die potenziellen Auswirkungen verschiedener Entscheidungen zu visualisieren.

Auch eine Szenarioplanung ist sinnvoll. Dabei werden verschiedene mögliche Ergebnisse auf der Grundlage unterschiedlicher Entscheidungen oder externer Faktoren ins Auge gefasst. Indem sie eine Reihe von Szenarien in Betracht ziehen, können Führungskräfte potenzielle Risiken und Folgen besser vorhersehen und entsprechend planen.

Die Konsultation einer vielfältigen Gruppe von Personen, sowohl innerhalb als auch außerhalb der Organisation, kann neue Perspektiven und Erkenntnisse liefern. Unterschiedliche Standpunkte können Annahmen in Frage stellen und Aspekte der Situation ans Licht bringen, die ursprünglich vielleicht nicht in Betracht gezogen wurden.
Emotionale Distanz ist bei der Analyse komplexer Situationen von entscheidender Bedeutung. Führungskräfte müssen sich um Objektivität bemühen und persönliche Voreingenommenheit oder emotionale Reaktionen beiseite lassen, um Optionen auf der Grundlage ihrer Vorzüge und möglichen Ergebnisse zu bewerten.

Nachdenken und einen Schritt zurücktreten kann ebenfalls hilfreich sein. Manchmal kann es Klarheit bringen, sich vorübergehend von dem Problem zu distanzieren. Dies kann bedeuten, dass man eine Pause vom Entscheidungsprozess einlegt, um nachzudenken, oder dass man sich Aktivitäten sucht, die eine geistige Ablenkung bieten und eine unterbewusste Verarbeitung der Informationen ermöglichen.

Führungskräfte sollten sich in ständigem Lernen und Reflektieren üben. Das Lernen aus vergangenen Entscheidungen, sowohl aus erfolgreichen als auch aus misslungenen, kann die Fähigkeit verbessern, komplexe Situationen in Zukunft aufzuschlüsseln und zu bewältigen.

Um die Risiken und möglichen Ergebnisse komplexer Situationen zu verstehen, bedarf es einer Kombination aus Analysetechniken, beratenden Ansätzen, objektiver Bewertung, reflektierendem Denken und dem Lernen aus früheren Erfahrungen. Diese Methoden können Führungskräften dabei helfen, die komplizierte Dynamik schwieriger Entscheidungen zu bewältigen.

Ethische Überlegungen sind bei der Entscheidungsfindung von größter Bedeutung, vor allem, wenn man vor schwierigen Entscheidungen steht. In solchen Situationen müssen sich Führungskräfte in einem komplexen Umfeld bewegen, in dem ihre Entscheidungen erhebliche Auswirkungen auf die Organisation, ihre Stakeholder und manchmal sogar auf die gesamte Gesellschaft haben können.

Eine der wichtigsten ethischen Überlegungen ist die Auswirkung der Entscheidung auf die verschiedenen Interessengruppen. Führungskräfte müssen abwägen, wie sich ihre Entscheidungen auf Mitarbeiter, Kunden, Aktionäre und andere relevante Parteien auswirken werden. Dazu gehört eine Abwägung des potenziellen Nutzens und Schadens, um sicherzustellen, dass Entscheidungen keine bestimmte Gruppe ungerechtfertigt benachteiligen oder schädigen.

Transparenz und Ehrlichkeit sind ebenfalls wichtige ethische Überlegungen. Führungskräfte müssen ehrlich über die Gründe für ihre Entscheidungen und die möglichen Folgen sprechen. Eine transparente Kommunikation trägt dazu bei, Vertrauen und

Verständnis aufzubauen, auch wenn die getroffenen Entscheidungen schwierig oder unpopulär sind.

Ein weiterer wichtiger Aspekt ist Fairness und Gerechtigkeit. Entscheidungen sollten auf der Grundlage einer fairen Beurteilung der Situation getroffen werden, ohne Voreingenommenheit oder Bevorzugung. Führungspersönlichkeiten müssen sich darum bemühen, dass ihre Entscheidungen eine faire und gerechte Behandlung aller Beteiligten widerspiegeln.

Darüber hinaus müssen die Führungskräfte auch die Übereinstimmung ihrer Entscheidungen mit den Werten und ethischen Standards der Organisation berücksichtigen. Entscheidungen sollten die Grundprinzipien und die Integrität der Organisation aufrechterhalten und eine Kultur des ethischen Verhaltens und der Verantwortung stärken.

Ein weiterer ethischer Aspekt, den die Führungskräfte abwägen müssen, sind die möglichen langfristigen Folgen. Manchmal können Entscheidungen, die kurzfristig vorteilhaft erscheinen, langfristig negative Auswirkungen haben, entweder aus ethischer Sicht oder im Hinblick auf die Nachhaltigkeit der Organisation. Führungskräfte müssen die breiteren und langfristigen Auswirkungen ihres Handelns berücksichtigen.

Der Prozess der Entscheidungsfindung selbst beinhaltet ethische Überlegungen. Dazu gehört die Art und Weise, wie Informationen gesammelt und verwendet werden, wie die Beteiligten in den Entscheidungsprozess einbezogen werden und wie abweichende Meinungen berücksichtigt und berücksichtigt werden.

Ethische Erwägungen bei schwierigen Entscheidungen umfassen die Auswirkungen auf die Interessengruppen, Transparenz, Fairness, Übereinstimmung mit den Werten der Organisation, langfristige Konsequenzen und den Entscheidungsprozess selbst. Führungskräfte müssen diese Aspekte sorgfältig abwägen, um sicherzustellen, dass ihre Entscheidungen nicht nur effektiv, sondern auch ethisch fundiert und verantwortungsvoll sind.

Die wirksame Kommunikation und Rechtfertigung unpopulärer Entscheidungen gegenüber verschiedenen Interessengruppen ist ein entscheidender Aspekt der Führungsarbeit, insbesondere wenn es um komplexe und schwierige Szenarien geht. Der Schlüssel liegt in einem strategischen und einfühlsamen Kommunikationsansatz, der sicherstellt, dass die Gründe für die Entscheidung klar sind und dass die Interessengruppen sich gehört und respektiert fühlen.

Zunächst ist es wichtig, die Entscheidung klar und ehrlich zu begründen. Transparenz ist von entscheidender Bedeutung; die Beteiligten sollten die Gründe für die Entscheidung verstehen, auch wenn sie nicht damit einverstanden sind. Diese Erklärung sollte den Kontext der Entscheidung, die in Betracht gezogenen Faktoren und die Übereinstimmung der Entscheidung mit den allgemeinen Zielen oder Werten der Organisation beinhalten.

Zweitens muss die Kommunikation auf die verschiedenen Interessengruppen zugeschnitten werden. Verschiedene Gruppen können unterschiedliche Bedenken oder Interessen in Bezug auf die Entscheidung haben. Das direkte Eingehen auf diese spezifischen Anliegen kann dazu beitragen, Unzufriedenheit zu mindern und Verständnis zu schaffen. So könnten sich die Mitarbeiter beispielsweise Sorgen um die Sicherheit ihres Arbeitsplatzes machen, während sich die Investoren auf die finanziellen Auswirkungen konzentrieren könnten. Stellen Sie sich auf Fragen und Bedenken ein und gehen Sie darauf ein. Die Führungskräfte sollten auf eine Reihe von Reaktionen vorbereitet sein und auf Fragen oder Kritik reagieren können. Dies kann bedeuten, dass sie detaillierte Daten oder Beweise zur Untermauerung der Entscheidung vorlegen oder in der Lage sein müssen, alternative Optionen zu erläutern, die in Betracht gezogen wurden, und zu erklären, warum sie nicht gewählt wurden.

Ein weiterer wichtiger Aspekt ist die Betonung der Vorteile der Entscheidung, insbesondere auf lange Sicht. Auch wenn die Entscheidung unpopulär sein mag, kann das Hervorheben ihrer potenziellen positiven Auswirkungen den Beteiligten helfen, über die unmittelbaren Auswirkungen hinauszublicken.

Einfühlungsvermögen ist in der Kommunikation ebenfalls entscheidend. Die Anerkennung der Herausforderungen und das Verständnis für die Sichtweise der Interessengruppen können viel dazu beitragen, das Vertrauen und den guten Willen zu erhalten. Es ist wichtig, die Gefühle und Reaktionen der von der Entscheidung Betroffenen anzuerkennen und zu würdigen.

Darüber hinaus ist es von Vorteil, die Betroffenen in den Umsetzungsprozess oder in die Entwicklung von Strategien zur Abmilderung negativer Auswirkungen einzubeziehen. Diese Einbeziehung kann das Gefühl der Eigenverantwortung und der Zusammenarbeit fördern und die Akzeptanz der Entscheidung erleichtern.

Schließlich ist es wichtig, nach der Ankündigung eine offene Kommunikation aufrechtzuerhalten. Die Betroffenen sollten das Gefühl haben, dass ihr Feedback geschätzt wird und dass ein ständiger Dialog stattfindet. Dieses kontinuierliche Engagement kann dabei helfen, die Auswirkungen der Entscheidung zu überwachen und notwendige Anpassungen vorzunehmen.

Wenden wir uns wieder einmal realen Beispielen von Führungskräften zu, die schwierige, unpopuläre Entscheidungen treffen mussten, die wertvolle Einblicke in die Komplexität von Führungsaufgaben und die Folgen solcher Entscheidungen bieten. Hier sind zwei bemerkenswerte Beispiele:

Alan Mulally bei der Ford Motor Company

Als Alan Mulally 2006 das Amt des CEO der Ford Motor Company übernahm, befand sich das Unternehmen in ernsten finanziellen Schwierigkeiten. Eine seiner ersten großen Entscheidungen war die Aufnahme einer Hypothek auf alle Vermögenswerte von Ford für 23,6 Milliarden Dollar. Dieser Schritt war damals höchst riskant und unpopulär, da er das gesamte Unternehmen aufs Spiel setzte. Mulallys Entscheidung erwies sich jedoch als vorausschauend. Die Mittel ermöglichten es Ford, in neue Produkte und Technologien zu investieren, was zu einer Trendwende führte, ohne dass das Unternehmen - anders als seine Konkurrenten während der Finanzkrise 2008 - auf staatliche Hilfe angewiesen war. Obwohl diese Entscheidung zunächst unpopulär war und als äußerst riskant angesehen wurde, führte sie letztendlich zu einem der bemerkenswertesten Turnarounds in der Automobilbranche.

Marissa Mayer bei Yahoo

Marissa Mayer hat während ihrer Amtszeit als CEO von Yahoo mehrere schwierige Entscheidungen getroffen, um das angeschlagene Technologieunternehmen wiederzubeleben. Eine dieser Entscheidungen war die Beendigung der Heimarbeitspolitik des Unternehmens. Dieser Schritt war sehr umstritten und bei den Mitarbeitern unpopulär, da die Telearbeit Teil der Unternehmenskultur geworden war. Mayer rechtfertigte die Entscheidung als notwendigen Schritt zur Verbesserung der Kommunikation und Zusammenarbeit innerhalb des Unternehmens. Obwohl diese Entscheidung sowohl intern als auch extern auf erheblichen Widerstand stieß, war Mayer der Meinung, dass sie für die Förderung einer kooperativeren und produktiveren Arbeitsumgebung unerlässlich war. Die Effektivität dieser Entscheidung ist umstritten. Einige argumentieren, dass es sich um einen Rückschritt in der Flexibilität der Arbeitskultur handelt, während andere sie als notwendigen Schritt zur Wiederherstellung der sich verschlechternden Leistung des Unternehmens ansehen.
Diese Beispiele verdeutlichen, wie schwierig Führungsaufgaben sind und welche Auswirkungen schwierige Entscheidungen haben. Führungskräfte wie Mulally und Mayer mussten die potenziellen Risiken und Vorteile ihrer Entscheidungen abwägen und wussten, dass ihre Entscheidungen unpopulär sein würden. Ihre Erfahrungen verdeutlichen die Bedeutung von strategischem Weitblick, Mut in der Führung und das komplexe Nachspiel, das Führungskräfte bewältigen müssen, wenn sie schwierige Entscheidungen treffen und umsetzen.

Der Umgang mit negativem Feedback bei gleichzeitiger Wahrung der Autorität und Glaubwürdigkeit der Führungskraft ist eine differenzierte Aufgabe, die emotionale Intelligenz, effektive

Kommunikationsfähigkeiten und einen strategischen Ansatz erfordert. Hier sind einige Strategien:

- Anerkennen und zuhören: Der erste Schritt im Umgang mit negativem Feedback besteht darin, aktiv zuzuhören und es anzuerkennen. Das bedeutet nicht unbedingt, dass Sie mit dem Feedback einverstanden sind, aber es ist wichtig zu zeigen, dass Sie offen und aufnahmefähig sind. Aufmerksames Zuhören kann Ihnen auch helfen, die zugrunde liegenden Bedenken und den Kontext des Feedbacks zu verstehen.

- Bleiben Sie ruhig und gefasst: Negatives Feedback kann manchmal eine emotionale Herausforderung sein. Es ist wichtig, die Fassung zu bewahren und nicht defensiv oder abweisend zu reagieren. Ruhe zu bewahren unterstreicht Ihre Reife und Ihre Fähigkeiten als Führungskraft.

- Bewerten Sie objektiv: Beurteilen Sie das Feedback objektiv. Stellen Sie fest, ob es stichhaltig ist und wie es mit Ihren eigenen Beobachtungen oder anderen Rückmeldungen, die Sie erhalten haben, übereinstimmt. Diese objektive Bewertung kann Ihnen helfen zu entscheiden, ob und wie Sie auf das Feedback reagieren sollen.

- Transparent kommunizieren: Wenn das Feedback zu einer Änderung der Strategie, der Politik oder des Verhaltens führt, kommunizieren Sie dies transparent an Ihr Team oder die Beteiligten. Erläutern Sie die Beweggründe für Ihre Entscheidungen. Wenn Sie mit dem Feedback nicht einverstanden sind, geben Sie eine klare, aber respektvolle Erklärung ab.

- Bitten Sie um Klärung und Details: Wenn das Feedback vage oder verallgemeinert ist, sollten Sie sich um Klarstellung bemühen, um spezifische Bedenken zu verstehen. Dies kann auch Ihre Bereitschaft zeigen, sich konstruktiv mit dem Feedback auseinanderzusetzen.

- Nutzen Sie Feedback zur Verbesserung: Betrachten Sie negatives Feedback als eine Chance für persönliches und berufliches Wachstum. Überlegen Sie, was Sie daraus lernen können und wie Sie Ihre Führungsqualitäten verbessern können.

- Bauen Sie auf Ihre Stärken: Konzentrieren Sie sich auf Ihre Stärken, während Sie die verbesserungswürdigen Bereiche ansprechen. Wenn Sie Ihre Stärken immer wieder aufzeigen, können Sie Ihre Autorität und Glaubwürdigkeit erhalten.

- Beziehen Sie andere in Lösungen ein: Wenn sich das Feedback auf allgemeinere Themen bezieht, sollten Sie Ihr Team in die Lösungsfindung einbeziehen. Dieser kollaborative Ansatz hilft nicht nur bei der Lösung der angesprochenen Probleme, sondern stärkt auch den Zusammenhalt im Team und das Vertrauen in Ihre Führung.

- Bewahren Sie Beständigkeit: Seien Sie konsequent in der Art und Weise, wie Sie mit Feedback umgehen und in Ihrem Führungsstil. Beständigkeit hilft dabei, Glaubwürdigkeit aufzubauen und zu erhalten.

- Suchen Sie Unterstützung und Beratung: Manchmal kann eine externe Perspektive von unschätzbarem Wert sein. Wenn Sie sich von Mentoren, Kollegen oder Coaches beraten lassen, können Sie zusätzliche Strategien für einen effektiven Umgang mit Feedback erhalten.

Der effektive Umgang mit negativem Feedback ist entscheidend für die Aufrechterhaltung von Autorität und Glaubwürdigkeit als Führungskraft. Dazu gehört ein ausgewogenes Verhältnis zwischen Offenheit für Lernen und Verbesserung, transparenter Kommunikation und einem konsequenten, stärkenbasierten Führungsansatz.

Das Nachdenken über und das Lernen aus den Ergebnissen von Entscheidungen, insbesondere von schwierigen oder unpopulären, ist ein entscheidender Aspekt effektiver Führung. Dieser Prozess der Reflexion und des Lernens ist aus mehreren Gründen wichtig.

Dies bietet die Möglichkeit, persönlich zu wachsen. Aus jeder Entscheidung, unabhängig von ihrem Ergebnis, lassen sich wertvolle Lehren ziehen. Indem sie darüber nachdenken, was funktioniert hat und was nicht, können Führungskräfte Einblicke in ihre Entscheidungsprozesse gewinnen, ihre Voreingenommenheit verstehen und ihr Urteilsvermögen und ihre Problemlösungsfähigkeiten für zukünftige Herausforderungen verbessern.

Die Reflexion von Entscheidungen hilft bei der Verfeinerung von Strategien und Konzepten. In der dynamischen Welt der Führung kann es vorkommen, dass das, was einmal funktioniert hat, sich nicht mehr bewährt. Durch kontinuierliches Lernen aus früheren Entscheidungen können Führungskräfte ihre Strategien anpassen und weiterentwickeln, um sicherzustellen, dass sie auch unter veränderten Bedingungen relevant und wirksam bleiben.

Dieser Reflexionsprozess kann die Glaubwürdigkeit und Authentizität einer Führungskraft erhöhen. Führungskräfte, die bereit sind, aus ihren Erfahrungen, auch aus ihren Fehlern, zu lernen, werden von ihren Teams oft mehr respektiert und genießen mehr Vertrauen. Es zeugt von Bescheidenheit und dem Willen zur kontinuierlichen Verbesserung - beides wichtige Führungsqualitäten.

Aus vergangenen Entscheidungen zu lernen ist für das Wachstum einer Organisation unerlässlich. Es kann zu besseren organisatorischen Richtlinien, Praktiken und Strategien führen. Wenn Führungskräfte ihre Erkenntnisse mit ihren Teams teilen, kann dies eine Kultur der Offenheit fördern, in der Fehler als Lernchancen und nicht als zu bestrafende Versäumnisse angesehen werden.

Die Reflexion von Entscheidungen kann auch wertvolle Einblicke in die Teamdynamik und die Organisationskultur liefern. Sie kann den Führungskräften helfen zu verstehen, wie sich ihre

Entscheidungen auf die Moral, das Engagement und die Produktivität auswirken und welche Anpassungen erforderlich sind, um ein effektiveres und förderliches Arbeitsumfeld zu schaffen.

Die Bedeutung der Reflexion über und des Lernens aus den Ergebnissen von Entscheidungen kann im Bereich der Führung gar nicht hoch genug eingeschätzt werden. Es ist ein Prozess, der das persönliche und organisatorische Wachstum fördert, das strategische Denken verbessert, Glaubwürdigkeit und Vertrauen aufbaut und zur Entwicklung einer positiven und lernorientierten Organisationskultur beiträgt.

Das Gleichgewicht zwischen Risikobereitschaft und Ergebnisverantwortung ist ein heikler und wesentlicher Aspekt effektiver Führung. Führungskräfte müssen oft mutige Entscheidungen treffen, die mit erheblichen Risiken verbunden sind, aber der Schlüssel zum Erfolg liegt darin, wie diese Risiken gehandhabt und berücksichtigt werden.

Wirksame Risikobereitschaft in der Führung beginnt mit einer gründlichen Risikobewertung. Führungskräfte müssen die potenziellen Auswirkungen ihrer Entscheidungen sorgfältig bewerten und dabei die damit verbundenen finanziellen, betrieblichen und Reputationsrisiken berücksichtigen. Diese Bewertung hilft dabei, sowohl die besten als auch die schlimmsten Szenarien zu verstehen, die sich aus ihren Entscheidungen ergeben könnten.

Auch die Konsultation einer Reihe von Interessengruppen und Experten ist für die Risikoabwägung von entscheidender Bedeutung. Unterschiedliche Perspektiven können Einblicke in potenzielle Fallstricke und Chancen bieten, die nicht sofort ersichtlich sind, und ermöglichen so ein umfassenderes Verständnis des jeweiligen Risikos.

Eine weitere wichtige Überlegung ist, dass die Risiken mit den allgemeinen Zielen und Werten der Organisation übereinstimmen müssen. Diese Abstimmung rechtfertigt nicht nur die eingegangenen Risiken, sondern begründet auch die Entscheidungen innerhalb des strategischen Rahmens der Organisation und macht sie für die Beteiligten schmackhafter und verständlicher.

Eine klare und transparente Kommunikation über die Risiken, die Gründe für das Eingehen der Risiken und die erwarteten Ergebnisse ist unerlässlich. Dieses Maß an Offenheit trägt zum Aufbau von Vertrauen und Unterstützung bei, selbst wenn die Ergebnisse nicht den Erwartungen entsprechen.

Der Aufbau einer widerstandsfähigen Organisationskultur, die kalkulierte Risiken versteht und schätzt, ist ebenfalls entscheidend. Eine solche Kultur fördert das Lernen sowohl aus Erfolgen als auch aus Misserfolgen und macht die Organisation anpassungsfähiger und widerstandsfähiger.
Die Vorbereitung auf verschiedene, auch negative, Ergebnisse zeigt einen verantwortungsvollen Umgang mit Risiken. Das Vorhandensein von Notfallplänen kann dazu beitragen, mögliche negative Auswirkungen abzumildern, und zeugt von einer durchdachten und vorbereiteten Führungshaltung.

Es ist von entscheidender Bedeutung, die Ergebnisse risikoreicher Entscheidungen, ob positiv oder negativ, zu reflektieren und daraus zu lernen. Diese Erkenntnisse fließen in künftige Entscheidungen und Strategien ein und tragen zum Wachstum und zur Entwicklung sowohl der Führungskraft als auch des Unternehmens bei.

Das Gleichgewicht zwischen Risikobereitschaft und Verantwortung besteht darin, fundierte Entscheidungen zu treffen, für die Ergebnisse verantwortlich zu sein und eine Kultur zu fördern, die Lernen und Anpassungsfähigkeit schätzt. Dieses Gleichgewicht ist wichtig, um Wachstum und Innovation voranzutreiben und gleichzeitig das Vertrauen der Stakeholder zu erhalten.

Führungskräfte können in unterschiedlichen organisatorischen Kontexten mit verschiedenen Arten von Risiken konfrontiert werden, die jeweils einzigartige Herausforderungen darstellen und spezifische Strategien für ein effektives Management erfordern.

1. Strategische Risiken betreffen Entscheidungen über die allgemeine Richtung und die Ziele des Unternehmens. Diese Risiken sind häufig mit dem Eintritt in neue Märkte, der Einführung neuer Produkte oder wesentlichen Änderungen des Geschäftsmodells verbunden. Strategische Risiken können weitreichende Auswirkungen haben und sind oft mit einem hohen Maß an Unsicherheit verbunden.

2. Operative Risiken beziehen sich auf das tägliche Funktionieren der Organisation. Sie umfassen Risiken im Zusammenhang mit internen Prozessen, Systemen und Menschen. Beispiele hierfür sind Unterbrechungen der Lieferkette, Ausfälle von IT-Systemen oder Personalprobleme. Diese Risiken können die Effizienz und Effektivität des Betriebs beeinträchtigen.

3. Finanzielle Risiken betreffen die Verwaltung der finanziellen Ressourcen der Organisation und das Risiko finanzieller Verluste. Sie können sich aus Faktoren wie Marktschwankungen, Zinsänderungen, Liquiditätsproblemen oder Kreditrisiken ergeben. Finanzielle Risiken erfordern eine sorgfältige Finanzplanung und -verwaltung, um die finanzielle Stabilität und Nachhaltigkeit der Organisation zu gewährleisten.

4. Compliance-Risiken stehen im Zusammenhang mit der Notwendigkeit, Gesetze, Vorschriften und Normen einzuhalten. Die Nichteinhaltung von Vorschriften kann zu rechtlichen Strafen, finanziellen Verlusten und Rufschädigung führen. Diese Risiken sind vor allem in stark regulierten Branchen wie dem Finanz-, Gesundheits- und Pharmasektor relevant.

5. Zu den Reputationsrisiken gehört die potenzielle Schädigung des Rufs der Organisation. Dies kann verschiedene Ursachen haben, z. B. negative Publicity, Verstöße gegen ethische

Grundsätze oder schlechte Kundenerfahrungen. Reputationsrisiken können lang anhaltende Auswirkungen haben und sind aufgrund der Rolle der öffentlichen Wahrnehmung oft schwierig zu handhaben.

6. Technologische Risiken sind mit der Einführung, Umsetzung und dem Einsatz von Technologie verbunden. In dem Maße, in dem Organisationen bei ihren Tätigkeiten zunehmend von Technologie abhängig sind, treten Risiken wie Cyberangriffe, Datenschutzverletzungen und technologische Veralterung stärker in den Vordergrund.

7. Umweltrisiken beziehen sich auf die Auswirkungen der Tätigkeiten einer Organisation auf die Umwelt. Diese Risiken haben aufgrund des gestiegenen Umweltbewusstseins und der zunehmenden Regulierung an Bedeutung gewonnen. Dazu gehören Risiken im Zusammenhang mit dem Klimawandel, der Erschöpfung von Ressourcen und Umweltkatastrophen.

8. Bei den Risiken im Bereich Humankapital geht es um das Management von mitarbeiterbezogenen Fragen. Dazu können Risiken im Zusammenhang mit der Bindung von Talenten, der Nachfolgeplanung, der Vielfalt der Belegschaft und den Arbeitsbeziehungen gehören. Risiken im Zusammenhang mit dem Humankapital sind von entscheidender Bedeutung, da die Belegschaft oft das wertvollste Gut eines Unternehmens ist.

Die Arten von Risiken, mit denen Führungskräfte konfrontiert werden, können vielfältig und facettenreich sein. Eine wirksame Führung erfordert die Fähigkeit, diese Risiken proaktiv zu erkennen, zu bewerten und zu bewältigen, um die Widerstandsfähigkeit und den langfristigen Erfolg der Organisation zu gewährleisten.

Risikobereitschaft ist in verschiedenen organisatorischen und unternehmerischen Kontexten oft ein entscheidender Motor für Innovation und Fortschritt. Sie beinhaltet, dass man sich in unerforschte Gebiete wagt, neue Ansätze ausprobiert und den

Status quo in Frage stellt, was alles für Durchbrüche und Fortschritte unerlässlich ist.

Innovation ist von Natur aus mit Risiken verbunden. Sie erfordert, dass man sich über etablierte Normen und Praktiken hinaus wagt, was oft bedeutet, dass man sich der Unsicherheit und der Möglichkeit des Scheiterns aussetzt. Ohne das Eingehen dieser Risiken würden Organisationen und Führungskräfte jedoch wahrscheinlich stagnieren und an sicheren, aber möglicherweise veralteten Methoden und Ideen festhalten. Die Bereitschaft, kalkulierte Risiken einzugehen, kann zur Entwicklung neuer Produkte, Dienstleistungen oder Verfahren führen, die die Effizienz erheblich steigern, komplexe Probleme lösen oder neue Märkte erschließen können.

Risikobereitschaft fördert eine Kultur der Kreativität und des Experimentierens. Wenn Führungskräfte Risiken eingehen, signalisieren sie ihren Teams, dass die Erforschung neuer Ideen geschätzt wird und dass Scheitern als Teil des Lernprozesses angesehen wird. Diese Kultur ermutigt die Teammitglieder, über den Tellerrand hinauszuschauen und innovative Lösungen vorzuschlagen, ohne Angst vor negativen Konsequenzen, wenn sie Risiken eingehen, die nicht immer zum Erfolg führen.

Im heutigen, sich schnell verändernden Geschäftsumfeld, das von technologischen Fortschritten und einer sich verändernden Marktdynamik geprägt ist, ist die Fähigkeit zur Anpassung und Innovation entscheidend für Überleben und Wachstum. Unternehmen, die es versäumen, Risiken einzugehen, können hinter Konkurrenten zurückfallen, die eher bereit sind, neue Technologien oder Geschäftsmodelle zu übernehmen.

Effektive Risikobereitschaft im Zusammenhang mit Innovation erfordert einen strategischen Ansatz. Dazu gehören gründliche Untersuchungen und Analysen, um die potenziellen Auswirkungen zu verstehen, klare Kriterien für die Bewertung von Chancen und die Bereitschaft, potenzielle Nachteile zu bewältigen und abzumildern. Dazu gehören auch eine kontinuierliche Überwachung und Flexibilität, um den Kurs bei Bedarf anzupassen.

Führungskräfte spielen eine Schlüsselrolle bei der Gestaltung der Risikowahrnehmung und des Risikomanagements in ihrem Unternehmen. Durch die Förderung eines ausgewogenen Ansatzes bei der Risikobereitschaft, bei dem der potenzielle Nutzen gegen die möglichen Kosten abgewogen wird, können Führungskräfte ein Umfeld fördern, in dem Innovation gedeiht.

Risiko ist ein wesentlicher Bestandteil von Innovation und Fortschritt. Es ermöglicht Organisationen und Einzelpersonen, neue Möglichkeiten zu erkunden, wettbewerbsfähig zu bleiben und sich an ein sich veränderndes Umfeld anzupassen. Ein strategischer und ausgewogener Ansatz bei der Übernahme von Risiken ist zwar mit Herausforderungen verbunden, kann aber ein immenses Potenzial für Wachstum und Durchbrüche freisetzen. Die ethischen Implikationen der Risikobereitschaft in der Führung und im Geschäftsleben sind erheblich und erfordern ein sorgfältiges und verantwortungsvolles Management, um sicherzustellen, dass die Entscheidungen nicht nur strategisch fundiert, sondern auch moralisch vertretbar sind.

Eine der wichtigsten ethischen Überlegungen bei der Übernahme von Risiken ist das Verständnis ihrer Auswirkungen auf die verschiedenen Interessengruppen. Das bedeutet, dass man sich Gedanken darüber machen muss, wie sich Entscheidungen auf Mitarbeiter, Kunden, Aktionäre und die Allgemeinheit auswirken könnten, und dass man sich bemüht, den potenziellen Schaden zu minimieren. Ein Gleichgewicht zwischen Gewinnstreben und sozialer Verantwortung ist ebenfalls entscheidend. Risiken, die zu erheblichem Schaden für die Öffentlichkeit, für die Umwelt oder zur Ausbeutung führen könnten, sind selbst dann ethisch problematisch, wenn sie erhebliche finanzielle Erträge versprechen.

Transparenz und Ehrlichkeit spielen beim ethischen Risikomanagement eine entscheidende Rolle. Führungskräfte müssen klar und ehrlich über die potenziellen Nachteile ihrer

Entscheidungen informieren, um sicherzustellen, dass die Beteiligten nicht über die damit verbundenen Risiken getäuscht werden. In Situationen, in denen sich Risiken direkt auf andere auswirken, ist die Einholung einer informierten Zustimmung eine ethische Notwendigkeit, insbesondere in Branchen wie dem Gesundheitswesen oder der Forschung.

Die Wahrung von Integrität und Vertrauen sollte bei allen risikobehafteten Aktivitäten im Vordergrund stehen. Führungskräfte müssen sicherstellen, dass ihre Handlungen und Entscheidungen mit den Werten und ethischen Standards der Organisation übereinstimmen. Dazu gehört auch, mögliche unbeabsichtigte Folgen einzuplanen und abzumildern, d. h. über Notfallpläne zu verfügen und darauf vorbereitet zu sein, mit negativen Folgen verantwortungsvoll umzugehen.

Die Gewährleistung von Fairness und Gerechtigkeit bei der Entscheidungsfindung ist von entscheidender Bedeutung. Risiken sollten sich nicht unverhältnismäßig auf bestimmte Gruppen auswirken, insbesondere nicht auf solche, die gefährdet oder ausgegrenzt sind. Darüber hinaus erfordert eine ethische Risikobereitschaft die Einhaltung aller einschlägigen Gesetze und Vorschriften. Die Verletzung von Rechtsnormen zum Zwecke des Gewinns oder des Wettbewerbsvorteils ist nicht nur unethisch, sondern kann auch schwerwiegende rechtliche und rufschädigende Folgen haben.

Die Förderung einer ethischen Kultur innerhalb der Organisation ist unerlässlich. Führungskräfte sollten offene Diskussionen über ethische Fragen fördern, Schulungen über ethische Entscheidungsfindung anbieten und ein persönliches Beispiel für ethisches Verhalten geben. Indem sie diese Überlegungen in ihren Ansatz einbeziehen, können Führungskräfte die komplexe Landschaft der Risikobereitschaft auf eine Weise steuern, die nicht nur strategisch effektiv, sondern auch ethisch einwandfrei ist.

Die Untersuchung von Fallstudien aus dem wirklichen Leben von Führungskräften, die erhebliche Risiken eingegangen sind, bietet wertvolle Einblicke in die Komplexität der Entscheidungsfindung und in die Auswirkungen dieser Entscheidungen. Hier sind zwei bemerkenswerte Beispiele:

Fallstudie 1: Reed Hastings und die Umstellung von Netflix auf Streaming

Reed Hastings, der Vorstandsvorsitzende von Netflix, traf Ende der 2000er Jahre eine wichtige Entscheidung: Er verlagerte den Schwerpunkt des Unternehmens vom DVD-Verleih zum Streaming. Dies war damals ein erhebliches Risiko, da das DVD-Verleihgeschäft der Kern des Erfolgs von Netflix war. Hastings erkannte das Potenzial der Streaming-Technologie und ihre Übereinstimmung mit den sich ändernden Verbraucherpräferenzen. Trotz der Ungewissheit und der erforderlichen erheblichen Investitionen trieb er diesen Übergang voran.

Das Ergebnis dieser Entscheidung war wegweisend. Netflix überlebte nicht nur den Niedergang des DVD-Verleihs, sondern wurde auch zu einem dominanten Akteur in der Streaming-Branche und revolutionierte die Art und Weise, wie Menschen Fernsehen und Filme konsumieren. Dieser mutige Schritt, der von Weitsicht und einem Verständnis für technologische Trends getragen wurde, festigte die Position von Netflix als Branchenführer.

Fallstudie 2: Indra Nooyi und das gesundheitsbewusste Rebranding von PepsiCo

Indra Nooyi ging als CEO von PepsiCo ein erhebliches Risiko ein, indem sie das Produktportfolio des Unternehmens auf gesündere Optionen umstellte. Mitte der 2000er Jahre leitete sie eine Abkehr von zuckerhaltigen Getränken und Snacks ein und nahm damit den wachsenden Druck der Verbraucher und der Behörden in Bezug auf Gesundheit und Ernährung vorweg. Diese Entscheidung war riskant, da sie eine Änderung der langjährigen und erfolgreichen Produktlinien des Unternehmens bedeutete.

Das Ergebnis von Nooyis Entscheidung war ein allmählicher, aber spürbarer Wandel im Image und im Produktangebot des Unternehmens, der PepsiCo auf den aufkommenden Gesundheits- und Wellness-Trend ausrichtete. Auch wenn die Umstellung mit einigen Herausforderungen verbunden war, wie etwa dem Widerstand von Investoren und traditionellen Verbrauchern, positionierte sich PepsiCo als ein diversifizierteres und gesundheitsbewussteres Unternehmen, das bereit ist, die sich verändernden Verbraucheranforderungen zu erfüllen.

Die Fallstudien von Reed Hastings und Indra Nooyi veranschaulichen die Komplexität und den potenziellen Nutzen der Risikobereitschaft von Führungskräften. Beide Führungskräfte trafen Entscheidungen, die eine Abkehr von etablierten, erfolgreichen Geschäftsmodellen erforderten. Ihre Entscheidungen, die von strategischem Weitblick und einem Verständnis für aufkommende Trends geprägt waren, führten letztlich zu transformativen Ergebnissen für ihre jeweiligen Unternehmen und verdeutlichen die Bedeutung visionärer Risikobereitschaft in der Unternehmensführung.

Das Abwägen zwischen den Risiken für die Karriere einer Führungskraft und den Risiken für das Unternehmen ist ein nuancierter und entscheidender Aspekt der Führungsarbeit. Führungskräfte stehen oft vor Entscheidungen, bei denen nicht nur für das Unternehmen, sondern auch für ihren persönlichen Ruf und ihre Karriere viel auf dem Spiel steht. Um dieses Gleichgewicht zu halten, sind ein strategischer Ansatz, Weitsicht und ein tiefes Verständnis des Zusammenspiels zwischen persönlichen und organisatorischen Risiken erforderlich.

Führungskräfte müssen zunächst erkennen, dass ihre persönlichen Karrierrisiken und die Risiken für ihre Organisation miteinander verknüpft sind. Entscheidungen, die kurzfristige persönliche Vorteile auf Kosten des langfristigen Wohlergehens der Organisation begünstigen, können den Ruf einer Führungskraft und in der Folge auch ihre Karriereaussichten schädigen. Umgekehrt kann es zu verpassten Chancen und persönlicher Stagnation führen, wenn das Wohlergehen der Organisation zu sehr im Vordergrund steht, während die persönliche berufliche Entwicklung vernachlässigt oder Karriererisiken eingegangen werden.

Ein Schlüssel zum Ausgleich dieser Risiken liegt darin, die persönlichen Ziele mit den Unternehmenszielen in Einklang zu bringen. Führungskräfte sollten sicherstellen, dass ihre persönlichen Ambitionen und Entwicklungspläne einen positiven Beitrag zum Erfolg des Unternehmens leisten. Diese Abstimmung trägt nicht nur zur Risikominderung bei, sondern gewährleistet auch, dass sowohl die Führungskraft als auch das Unternehmen gemeinsam vorankommen.

Entscheidend ist auch, den breiteren Kontext und die möglichen Auswirkungen von Entscheidungen zu verstehen. Führungskräfte sollten die potenziellen Folgen ihres Handelns nicht nur im unmittelbaren Kontext ihrer aktuellen Rolle oder Organisation betrachten, sondern auch im Hinblick auf die gesamte Branche und ihre langfristige Laufbahn. Diese breitere Perspektive kann helfen, Entscheidungen zu treffen, die sowohl persönlich als auch für das Unternehmen von Vorteil sind.

Eine wirksame Kommunikation und ein effektives Stakeholder-Management spielen eine entscheidende Rolle beim Ausgleich dieser Risiken. Führungskräfte sollten ihre Entscheidungen transparent machen und sicherstellen, dass die Stakeholder die Gründe für ihre Entscheidungen verstehen. Der Aufbau eines starken Unterstützungsnetzes innerhalb und außerhalb der Organisation kann wertvolle Einblicke und Orientierungshilfen bieten und den Führungskräften helfen, komplexe Entscheidungen zu treffen.

Führungskräfte sollten sich für kontinuierliches Lernen und Anpassungsfähigkeit einsetzen. Die Geschäftswelt ist in ständigem Wandel begriffen, und Führungskräfte müssen flexibel sein und ihre Fähigkeiten und Kenntnisse ständig aktualisieren, um relevant und effektiv zu bleiben. Diese Anpassungsfähigkeit hilft nicht nur bei der Bewältigung organisatorischer Risiken, sondern stellt auch sicher, dass die Führungskräfte auf verschiedene berufliche Herausforderungen und Chancen vorbereitet sind.

Ethische Überlegungen müssen allen Entscheidungen zugrunde liegen. Führungskräfte sollten sicherstellen, dass ihr Handeln im Einklang mit ethischen Normen und Werten steht. Die Wahrung der ethischen Integrität ist entscheidend für die Aufrechterhaltung der persönlichen Glaubwürdigkeit und des Vertrauens in die Organisation.

Durch die Förderung einer Kultur, die verantwortungsvolle Risikobereitschaft schätzt und aus Erfolgen und Misserfolgen lernt, schafft ein Unternehmen die Voraussetzungen für Innovation und nachhaltiges Wachstum. Diese Art von Kultur wird durch eine Führung kultiviert, die die Risikobereitschaft nicht nur begrüßt, sondern sie auch aktiv unterstützt und die Teammitglieder dazu ermutigt. Die Führungskräfte spielen eine entscheidende Rolle, wenn es darum geht, dieses Verhalten vorzuleben und zu zeigen, dass der Umgang mit Risiken ein integraler und geschätzter Bestandteil des Unternehmensethos ist.

Ein wichtiger Aspekt bei der Förderung dieser Kultur ist die klare Kommunikation der Risikobereitschaft der Organisation. Durch die Festlegung akzeptabler Risikoarten und -höhen schafft das Unternehmen einen Rahmen, der den Mitarbeitern bei ihren Entscheidungsprozessen als Orientierung dient. Diese Klarheit hilft bei der Festlegung von Grenzen und ermutigt die Mitarbeiter, neue Ideen in einem sicheren und verständlichen Rahmen zu erkunden.

Es ist wichtig, ein Umfeld zu schaffen, das Experimente fördert und Misserfolge als Lernchancen betrachtet. Die Mitarbeiter sollten das Gefühl haben, dass ihre Organisation ein sicherer Raum ist, in dem sie neue Dinge ausprobieren können, in dem Misserfolge, insbesondere solche, die aus gut gemeinter Risikobereitschaft resultieren, nicht bestraft, sondern als Teil des Innovationsprozesses betrachtet werden. Dieser Ansatz fördert die Kreativität und die Erkundung neuer Ideen.

Die Bereitstellung der erforderlichen Ressourcen und Unterstützung ist ebenfalls von entscheidender Bedeutung. Wenn Mitarbeiter die Zeit, die Mittel und den Zugang zu Fachwissen und Informationen erhalten, signalisiert dies das Engagement des Unternehmens, eine innovative und risikobereite Kultur zu fördern.

Die Förderung einer vielfältigen Denkweise bereichert diese Kultur zusätzlich. Die Wertschätzung unterschiedlicher Perspektiven und Ideen führt zu innovativeren Lösungen und einem wirksameren Risikomanagement. Vielfältige Teams bringen unterschiedliche Erfahrungen und Standpunkte ein, was bei der Ermittlung und Abschwächung potenzieller Risiken entscheidend sein kann.

Eine Kultur, die die Risikobereitschaft schätzt, ist auch eine Kultur, die aus jedem Ergebnis lernt. Unabhängig davon, ob eine Initiative erfolgreich ist oder nicht, gibt es immer Lektionen, die gelernt werden müssen. Zu diesem Lernprozess gehört es, die Ergebnisse von Risikoinitiativen zu reflektieren und zu diskutieren, was zu einer kontinuierlichen Verbesserung der Strategien und Ansätze beiträgt.

Anerkennung und Belohnungen für verantwortungsbewusste Risikobereitschaft, unabhängig vom unmittelbaren Ergebnis, verstärken die Bedeutung dieses Verhaltens. Diese Anerkennung kann verschiedene Formen annehmen, von formellen Auszeichnungen bis hin zu informellen Anerkennungen, aber das Wichtigste ist, dass sie allen Mitarbeitern vermittelt, dass ihre Bereitschaft, intelligente Risiken einzugehen, geschätzt und gewürdigt wird.

Bei der Förderung der Risikobereitschaft ist es wichtig, ein Gleichgewicht mit Stabilität und Kontrolle zu wahren. Es sollten solide Risikomanagementverfahren vorhanden sein, um Risiken zu erkennen, zu bewerten und zu mindern, damit das Streben der Organisation nach Innovation nicht ihre grundlegende Stabilität gefährdet. Eine Organisation, die erfolgreich eine Kultur der verantwortungsvollen Risikobereitschaft fördert, kommuniziert klare Richtlinien, stellt Unterstützung und Ressourcen zur Verfügung, fördert Vielfalt und Lernen und erkennt innovative Bemühungen an und belohnt sie. Eine solche Kultur fördert nicht nur Wachstum und Innovation, sondern schafft auch eine widerstandsfähige und dynamische Organisation.

Kapitel 5: Ethik und Moral: Grauzonen in der Führungsarbeit

Das Konzept des ethischen Kompromisses bei Führungsentscheidungen ist ein nuancierter und oft schwieriger Aspekt des Organisationsmanagements. Es geht um Situationen, in denen Führungskräfte komplexe Entscheidungen treffen und dabei verschiedene ethische Erwägungen, organisatorische Ziele und Interessen der Stakeholder abwägen müssen.

Ethische Kompromisse ergeben sich in Szenarien, in denen widersprüchliche Werte oder Grundsätze im Spiel sind. Führungskräfte können sich in Situationen wiederfinden, in denen sie die Vorteile einer bestimmten Entscheidung gegen die möglichen ethischen Kosten abwägen müssen. So könnte eine Entscheidung für das Unternehmen finanziell vorteilhaft sein, aber negative Auswirkungen auf bestimmte Gruppen von Mitarbeitern, Kunden oder die Umwelt haben.

In solchen Fällen müssen die Führungskräfte die verschiedenen Aspekte der Entscheidung sorgfältig abwägen und dabei sowohl die ethischen Implikationen als auch die strategischen Ziele der Organisation berücksichtigen. Die Herausforderung besteht darin, einen Mittelweg zu finden, der ethische Kompromisse auf ein Mindestmaß reduziert und dennoch die wichtigsten Ziele erreicht. Dies erfordert oft ein tiefes Verständnis der Grundwerte der Organisation und die Verpflichtung, diese so weit wie möglich aufrechtzuerhalten.

Zu einem ethischen Kompromiss gehört auch die Berücksichtigung der langfristigen Auswirkungen von Entscheidungen. Eine Entscheidung, die kurzfristig akzeptabel erscheint, kann langfristige negative Folgen haben, sei es für den

Ruf der Organisation oder für die Beziehungen zu ihren Stakeholdern. Verantwortungsbewusste Führungskräfte blicken über den unmittelbaren Gewinn hinaus und berücksichtigen die langfristigen Auswirkungen ihrer Entscheidungen.

Die Führungskräfte müssen die Transparenz und Kommunikation solcher Entscheidungen steuern. Ethisch fragwürdige Entscheidungen können zu Skepsis und Vertrauensproblemen bei den Beteiligten führen, wenn sie nicht transparent gehandhabt werden. Führungskräfte müssen die Gründe für ihre Entscheidungen klar kommunizieren und erklären, welche Faktoren berücksichtigt wurden und warum bestimmte Kompromisse eingegangen wurden.

Ethische Kompromisse bei Führungsentscheidungen erfordern einen sorgfältigen Balanceakt. Führungskräfte müssen sich auf dem schmalen Grat zwischen Unternehmenszielen und ethischen Erwägungen bewegen und Entscheidungen treffen, die so weit wie möglich mit den Werten und langfristigen Interessen des Unternehmens übereinstimmen, während sie gleichzeitig die Realitäten komplexer Geschäftsumgebungen berücksichtigen.

Führungskräfte befinden sich oft in der schwierigen Lage, moralische Ideale mit praktischen und organisatorischen Notwendigkeiten in Einklang bringen zu müssen - eine Gratwanderung, die für ethische Führung von zentraler Bedeutung ist. Bei diesem Spagat geht es darum, Entscheidungen zu treffen, die nicht nur den ethischen Grundsätzen entsprechen, sondern auch die praktischen Realitäten und strategischen Bedürfnisse der Organisation berücksichtigen.

Moralische Ideale in der Führung umfassen die Verpflichtung auf Werte wie Integrität, Fairness und Verantwortung. Diese Grundsätze leiten die Führungskräfte dabei, Entscheidungen zu treffen, die nicht nur rechtskonform, sondern auch ethisch einwandfrei sind. In der Praxis der Unternehmensführung ergeben sich jedoch häufig Situationen, in denen die strikte Einhaltung dieser Ideale im Widerspruch zu den Unternehmenszielen oder -realitäten stehen kann. So kann eine Führungskraft beispielsweise mit einer Situation konfrontiert werden, in der die ethisch idealste Entscheidung die finanzielle Stabilität des Unternehmens gefährden oder den Shareholder Value beeinträchtigen könnte.

Die Abwägung dieser Aspekte erfordert einen differenzierten Ansatz. Führungskräfte müssen die Auswirkungen ihrer Entscheidungen aus mehreren Perspektiven beurteilen - ethisch, finanziell, strategisch und operativ. Dazu gehört auch, die langfristigen Auswirkungen von Entscheidungen zu bedenken, nicht nur auf das Endergebnis des Unternehmens, sondern auch auf seinen Ruf, die Moral der Mitarbeiter und die Kundenbeziehungen.

Ein Ansatz, um dieses Gleichgewicht zu finden, besteht darin, der Transparenz und der Einbeziehung der Interessengruppen Priorität einzuräumen. Indem sie die verschiedenen Interessengruppen in den Entscheidungsprozess einbeziehen und die Herausforderungen und Kompromisse transparent machen, können Führungskräfte Verständnis und Vertrauen aufbauen, selbst wenn die Entscheidungen schwierig sind.

Ein weiterer Aspekt ist die Förderung einer ethischen Kultur innerhalb der Organisation. Wenn eine solide ethische Grundlage geschaffen ist, wird es einfacher, komplexe Entscheidungen zu treffen, da es eine klare Reihe von Werten gibt, die das Handeln leiten. Diese Kultur unterstützt auch eine ganzheitlichere Sichtweise des Erfolgs, die ethische Erwägungen als eine Schlüsselkomponente der organisatorischen Leistung einschließt.

Führungskräfte müssen auch anpassungsfähig sein und erkennen, dass sich das ideale Gleichgewicht zwischen moralischen Grundsätzen und praktischen Notwendigkeiten im Laufe der Zeit oder in verschiedenen Kontexten ändern kann. Kontinuierliche Reflexion und das Lernen aus früheren Entscheidungen sind entscheidend für die Fähigkeit, dieses Gleichgewicht effektiv herzustellen.

Moralische Ideale mit praktischen und organisatorischen Notwendigkeiten in Einklang zu bringen, ist ein komplexer, aber wesentlicher Aspekt der Führungsarbeit. Er erfordert eine sorgfältige Abwägung verschiedener Faktoren, ein Bekenntnis zu ethischen Grundsätzen, eine transparente Kommunikation, die Einbeziehung der Stakeholder und eine starke ethische Kultur innerhalb der Organisation. Indem sie dieses Gleichgewicht erfolgreich steuern, können Führungskräfte ihre Organisationen zu nachhaltigem Erfolg führen, der den Grundwerten und Prinzipien gerecht wird.

Sheryl Sandberg bei Facebook und die Bedenken der Nutzer bezüglich des Datenschutzes

Als COO von Facebook stand Sheryl Sandberg vor großen Herausforderungen in Bezug auf die Privatsphäre der Nutzer und die Datensicherheit. Das Geschäftsmodell des Social-Media-Riesen, das stark von Werbeeinnahmen abhängt, erforderte die Verwendung von Nutzerdaten, was das Unternehmen oft in Konflikt mit Datenschutzbeauftragten und Regulierungsbehörden brachte. Sandberg, die für ihr kluges Führungs- und Verhandlungsgeschick bekannt ist, musste diese Herausforderungen meistern und ein Gleichgewicht zwischen dem Schutz der Privatsphäre der Nutzer und der Aufrechterhaltung des Geschäftsmodells des Unternehmens finden. Die Entscheidungen, die Datenverarbeitung und die Datenschutzeinstellungen zu ändern, waren zwar aus ethischer Sicht notwendig, hatten aber auch Auswirkungen auf die Beziehungen von Facebook zu Werbekunden und die allgemeine Geschäftsstrategie des Unternehmens. Diese Kompromisse verdeutlichten das komplexe Zusammenspiel zwischen ethischer Verantwortung und geschäftlichen Notwendigkeiten im digitalen Zeitalter.

Mary Barra und die Umstellung von General Motors auf Elektrofahrzeuge

Mary Barra, CEO von General Motors (GM), traf die strategische Entscheidung, das Unternehmen auf Elektrofahrzeuge umzustellen, was mit erheblichen Kompromissen verbunden war. Die Abkehr von den traditionellen benzinbetriebenen Fahrzeugen bedeutete eine Änderung der seit langem etablierten Lieferketten, eine Umstellung der Fertigungsprozesse und die Bewältigung möglicher Widerstände von Interessengruppen, die sich gegen Veränderungen sträuben. Ausschlaggebend für Barras Entscheidung waren die Erkenntnis der Umweltauswirkungen von Autoabgasen und die Hinwendung der Branche zu nachhaltigen Praktiken. Mit diesem Schritt positionierte sich GM als zukunftsorientierter Innovationsführer in der Automobilindustrie. Er war jedoch auch mit kurzfristigen finanziellen Risiken verbunden und erforderte den Umgang mit den Bedenken von Mitarbeitern, Investoren und Händlern, die an das Erbe des Verbrennungsmotors gewöhnt waren.

Diese Beispiele veranschaulichen den differenzierten Entscheidungsprozess, mit dem Führungskräfte konfrontiert sind, wenn sie ethische Erwägungen, die Erwartungen der Interessengruppen und die Ziele der Organisation gegeneinander abwägen müssen. In beiden Fällen mussten die Führungskräfte unmittelbare Herausforderungen gegen langfristige Vorteile abwägen, was die komplizierte Natur von Kompromissen in der Führung und die weitreichenden Auswirkungen ihrer Entscheidungen verdeutlicht.

Entscheidungen zu treffen, die ethische Grenzen respektieren und gleichzeitig den praktischen Bedürfnissen gerecht werden, ist ein komplexer, aber wesentlicher Aspekt der Führungsarbeit. Im Folgenden finden Sie einige Strategien, die Führungskräften helfen, dieses schwierige Terrain zu meistern:

- Ethische Erwägungen in die Entscheidungsfindung einbeziehen: Beginnen Sie damit, ethische Überlegungen in den eigentlichen Entscheidungsprozess einzubinden. Dies bedeutet, dass potenzielle Entscheidungen nicht nur auf ihre praktischen Ergebnisse hin bewertet werden, sondern auch auf ihre Übereinstimmung mit ethischen Grundsätzen und Werten. Führungskräfte sollten sich fragen, wie jede Entscheidung sowohl mit den ethischen Standards der Organisation als auch mit breiteren gesellschaftlichen Werten in Einklang steht.

- Stakeholder-Analyse: Führen Sie eine gründliche Stakeholder-Analyse durch, um zu verstehen, wie sich unterschiedliche Entscheidungen auf verschiedene Gruppen auswirken werden. Dazu gehört die Berücksichtigung der Perspektiven und Interessen von Mitarbeitern, Kunden, Aktionären und der breiteren Öffentlichkeit. Das Verständnis dieser Auswirkungen kann Führungskräften dabei helfen, Entscheidungen zu treffen, die ethisch verantwortungsvoll und praktisch fundiert sind.

- Vielfältige Perspektiven suchen: Beziehen Sie eine Vielzahl von Stimmen in den Entscheidungsprozess ein. Unterschiedliche Perspektiven können Einblicke in potenzielle ethische Fragen und praktische Herausforderungen geben, die vielleicht nicht sofort ersichtlich sind. Dieser integrative Ansatz kann zu ausgewogeneren und fundierteren Entscheidungen führen.

- Ethische Rahmenwerke verwenden: Nutzen Sie ethische Entscheidungsrahmen oder -modelle. Diese Instrumente können helfen, die ethischen Dimensionen komplexer Entscheidungen zu klären und einen strukturierten Ansatz für die Bewertung verschiedener Optionen zu bieten.

- Abwägen von kurzfristigen und langfristigen Erwägungen: Wägen Sie die kurzfristigen Auswirkungen einer Entscheidung gegen ihre langfristigen Folgen ab. Manche Entscheidungen, die kurzfristig sinnvoll erscheinen, können langfristig negative ethische Folgen haben und umgekehrt. Eine ausgewogene Betrachtungsweise hilft dabei, Entscheidungen zu treffen, die auf Dauer tragfähig sind.

- Transparente Kommunikation: Seien Sie transparent, was den Entscheidungsprozess angeht. Erläutern Sie die Gründe für die Entscheidungen, die berücksichtigten Faktoren und wie ethische und praktische Erwägungen abgewogen wurden. Eine klare und offene Kommunikation kann Vertrauen und Verständnis unter den Beteiligten schaffen.

- Bereiten Sie sich auf unbeabsichtigte Folgen vor: Seien Sie sich bewusst, dass selbst gut gemeinte Entscheidungen unbeabsichtigte Folgen haben können. Halten Sie Notfallpläne bereit und seien Sie darauf vorbereitet, mit etwaigen negativen Folgen verantwortungsvoll umzugehen.

- Kontinuierliche Reflexion und Lernen: Nachdem Sie eine Entscheidung getroffen haben, sollten Sie über die Ergebnisse nachdenken und darüber, was Sie aus dem Prozess gelernt haben. Kontinuierliches Lernen und Reflektieren kann die Fähigkeit einer Führungskraft verbessern, in Zukunft ethische und praktische Erwägungen in Einklang zu bringen.

Der Ausgleich zwischen ethischen Grenzen und praktischen Erfordernissen erfordert einen durchdachten, integrativen und transparenten Ansatz bei der Entscheidungsfindung. Durch die Einbeziehung ethischer Überlegungen, die Einbeziehung verschiedener Perspektiven, die Verwendung strukturierter Rahmen und die Aufrechterhaltung einer offenen Kommunikation können Führungskräfte Entscheidungen treffen, die sowohl ethisch fundiert als auch praktisch wirksam sind.

Die langfristigen Auswirkungen ethischer Kompromisse können erheblich und weitreichend sein und die persönliche Integrität, das Vertrauen der Mitarbeiter und den Ruf des Unternehmens beeinträchtigen. Auch wenn solche Kompromisse kurzfristige Vorteile oder Lösungen bieten, können sie im Laufe der Zeit zu schwerwiegenden Konsequenzen führen.

Auswirkungen auf die persönliche Integrität: Wenn Führungskräfte ethische Kompromisse eingehen, kann dies zu einer allmählichen Aushöhlung ihrer persönlichen Integrität führen. Integrität beruht auf der Kohärenz zwischen den eigenen Werten und dem eigenen Handeln. Ethische Kompromisse können zu einer Dissonanz zwischen diesen beiden führen, was einen Verlust an Selbstachtung und Selbstvertrauen zur Folge hat. Im Laufe der Zeit kann dies das Identitätsgefühl und die Zielsetzung einer Führungskraft untergraben, und es kann immer schwieriger werden, prinzipienfeste Entscheidungen zu treffen.

Auswirkungen auf das Vertrauen der Mitarbeiter: Die Mitarbeiter sehen ihre Führungskräfte als Vorbilder für ethisches Verhalten. Wenn Führungskräfte ethische Kompromisse eingehen, kann dies das Vertrauen der Mitarbeiter in sie erschüttern. Dieser Vertrauensverlust kann verschiedene Folgen haben. Die Mitarbeiter werden möglicherweise unmotiviert, weniger engagiert und sogar skeptisch gegenüber den Absichten und Entscheidungen der Führung. Diese Skepsis kann eine offene Kommunikation und Zusammenarbeit behindern, die für eine gesunde Unternehmenskultur unerlässlich sind.

Auswirkungen auf den Ruf der Organisation: Der Ruf einer Organisation ist eng mit ihren wahrgenommenen ethischen Standards verbunden. Ethische Kompromisse können den Ruf einer Organisation schädigen, manchmal irreparabel. Dies gilt insbesondere im Zeitalter der sozialen Medien, in dem sich Informationen schnell verbreiten und die Öffentlichkeit sehr genau hinschaut. Ein geschädigter Ruf kann zu einem Verlust der Kundentreue, zu Schwierigkeiten bei der Gewinnung und Bindung von Spitzenkräften und in einigen Fällen zu rechtlichen und finanziellen Auswirkungen führen.

Die kumulative Wirkung von ethischen Kompromissen kann zu einer toxischen Kultur innerhalb der Organisation führen. Wenn unethisches Verhalten toleriert oder sogar belohnt wird, kann dies einen Präzedenzfall schaffen, der die Mitarbeiter zu ähnlichem Verhalten ermutigt. Dies kann zu weit verbreiteten ethischen Verfehlungen innerhalb der Organisation führen, die deren Ruf und Leistung weiter schädigen. Auf lange Sicht können ethische Kompromisse auch die Fähigkeit der Führungskraft beeinträchtigen, effektiv zu führen. Führungskräften, denen es an Integrität mangelt, fällt es möglicherweise schwer, ihre Teams zu inspirieren und zu motivieren, Veränderungen durchzusetzen oder ihre Organisation durch schwierige Zeiten zu führen.

Die langfristigen Auswirkungen ethischer Kompromisse können sich nachteilig auf die persönliche Integrität, das Vertrauen der Mitarbeiter und den Ruf des Unternehmens auswirken. Führungskräfte müssen diese potenziellen Auswirkungen sorgfältig abwägen und sich um die Einhaltung hoher ethischer Standards bemühen, da die Kosten einer Kompromittierung dieser Standards die kurzfristigen Vorteile bei weitem überwiegen können.

In komplexen Situationen ist ein strukturierter Ansatz zur ethischen Entscheidungsfindung für Führungskräfte von entscheidender Bedeutung. Dieser Ansatz trägt dazu bei, dass die Entscheidungen sowohl moralisch fundiert als auch praktisch wirksam sind. Hier ist ein Vorschlag für einen Rahmen:

1. Identifizieren Sie die ethischen Dilemmas: Beginnen Sie damit, die ethischen Dilemmas in der Situation klar zu identifizieren. Dazu müssen Sie die Art des Konflikts, die beteiligten Werte und die von der Entscheidung betroffenen Parteien verstehen.

2. Sammeln Sie alle relevanten Informationen: Sammeln Sie alle notwendigen Informationen, die sich auf die Entscheidung auswirken könnten. Dazu gehört das Verständnis des Kontextes, der möglichen Ergebnisse verschiedener Entscheidungen und der Perspektiven der verschiedenen Interessengruppen.

3. Analysieren Sie die Auswirkungen auf die Stakeholder: Überlegen Sie, wie sich verschiedene Entscheidungen auf die einzelnen Interessengruppen auswirken werden. Dieser Schritt ist entscheidend, um die breiteren Auswirkungen Ihrer Entscheidung zu verstehen und um sicherzustellen, dass die Bedürfnisse und Bedenken aller Parteien berücksichtigt werden.

4. Berücksichtigen Sie rechtliche und organisatorische Richtlinien: Beurteilen Sie die rechtlichen Auswirkungen jeder Option und wie sie mit den Unternehmensrichtlinien und -werten übereinstimmen. Die Sicherstellung, dass Entscheidungen den rechtlichen und organisatorischen Standards entsprechen, ist ein grundlegender Bestandteil der ethischen Entscheidungsfindung.

5. Ethische Grundsätze und Werte anwenden: Überlegen Sie, welche ethischen Grundprinzipien und Werte die Entscheidung leiten sollten. Dazu könnten Fairness, Verantwortung, Transparenz und die Achtung der Rechte des Einzelnen gehören. Die Anwendung dieser Grundsätze kann helfen zu klären, welche Optionen ethisch vertretbar sind.

6. Bewerten Sie die Optionen und treffen Sie eine Entscheidung: Wägen Sie die Vor- und Nachteile jeder Option ab und berücksichtigen Sie dabei sowohl die ethischen Implikationen als auch die praktischen Ergebnisse. Treffen Sie eine Entscheidung, die am besten mit den ethischen Grundsätzen übereinstimmt und gleichzeitig die praktischen Realitäten der Situation berücksichtigt.

7. Holen Sie verschiedene Perspektiven und Konsultationen ein: Holen Sie vor der endgültigen Entscheidung die Meinung verschiedener Personen ein, einschließlich derer, die von der Entscheidung betroffen sein werden. Die Konsultation mit anderen kann neue Erkenntnisse liefern und dazu beitragen, dass alle Perspektiven berücksichtigt werden.

8. Entwicklung und Umsetzung eines Aktionsplans: Sobald eine Entscheidung getroffen ist, sollte ein klarer Plan für die Umsetzung entwickelt werden. Dieser Plan sollte Schritte zur Abmilderung etwaiger negativer Auswirkungen und zur wirksamen Kommunikation der Entscheidung an alle Beteiligten enthalten.

9. Reflektieren Sie die Entscheidung und ihre Ergebnisse: Nach der Umsetzung der Entscheidung sollten Sie über die Ergebnisse und den Prozess, der zu dieser Entscheidung geführt hat, nachdenken. Überlegen Sie, was Sie gelernt haben und wie es in zukünftige Entscheidungen einfließen kann.

10. Verpflichten Sie sich zu Transparenz und Verantwortlichkeit: Machen Sie transparent, wie die Entscheidung zustande gekommen ist, und legen Sie Rechenschaft über die Ergebnisse ab. Diese Offenheit trägt zum Aufbau von

Vertrauen und Glaubwürdigkeit bei, sowohl innerhalb als auch außerhalb der Organisation.

Dieser strukturierte Ansatz für die ethische Entscheidungsfindung hilft Führungskräften, komplexe Situationen auf durchdachte und prinzipientreue Weise zu meistern und sicherzustellen, dass Entscheidungen unter sorgfältiger Berücksichtigung sowohl der ethischen Implikationen als auch der praktischen Bedürfnisse getroffen werden.

Die Bewältigung ethischer Dilemmata, bei denen Ethik und Unternehmensziele aufeinanderprallen, ist eine häufige Herausforderung in der Führungsarbeit. Beispiele aus der realen Welt können wertvolle Einblicke in die Bewältigung solcher Dilemmata und die Auswirkungen verschiedener Entscheidungen geben. Hier sind ein paar bemerkenswerte Beispiele:

Der Abgasskandal von Volkswagen

In einem Fall, der als "Dieselgate" bekannt wurde, sah sich Volkswagen mit heftigen Reaktionen konfrontiert, als aufgedeckt wurde, dass das Unternehmen eine Software in Dieselmotoren eingebaut hatte, um bei Abgastests zu betrügen. Ziel des Unternehmens war es, den Absatz und den Marktanteil in den Vereinigten Staaten zu steigern, indem es seine Fahrzeuge als umweltfreundlich vermarktete. Dies kollidierte jedoch direkt mit ethischen Standards und Umweltvorschriften. Die Folgen waren Geldstrafen in Milliardenhöhe, ein schwer beschädigter Ruf und ein großer Vertrauensverlust bei den Verbrauchern.

Wells Fargos Kontobetrugsskandal

Wells Fargo, eine der größten Banken in den Vereinigten Staaten, war in einen Skandal verwickelt, bei dem Mitarbeiter im Namen ihrer Kunden ohne deren Zustimmung Millionen von betrügerischen Spar- und Girokonten angelegt hatten. Das Ziel des Unternehmens war es, aggressive Verkaufsziele und Cross-Selling-Kennzahlen zu erreichen. Diese unethischen Praktiken führten zu einem massiven Vertrauensbruch, erheblichen finanziellen Strafen und einer Schädigung des Rufs der Bank und verdeutlichten den Konflikt zwischen unethischen Verkaufspraktiken und ethischen Bankstandards.

Boeing und die 737 MAX-Krise

Boeing sah sich im Zusammenhang mit der Krise der 737 MAX, bei der es aufgrund von Konstruktionsfehlern zu zwei tödlichen Abstürzen kam, einer strengen Prüfung und ethischen Hinterfragung ausgesetzt. Berichten zufolge räumte das Unternehmen Kosteneinsparungen und einer schnellen Markteinführung Vorrang vor gründlichen Sicherheitstests und Pilotenschulungen ein. Diese Situation verdeutlichte das ethische Dilemma, das darin besteht, kommerziellen Zielen und dem Wettbewerb Vorrang vor der Sicherheit der Passagiere einzuräumen, was zu tragischen Folgen und einem beschädigten Ruf führte.

Die Foxconn-Kontroverse

Foxconn, ein großer Hersteller für Unternehmen wie Apple, wurde wegen der Arbeitspraktiken in seinen Fabriken, einschließlich der Ausbeutung von Arbeitern, unsicherer Arbeitsbedingungen und unangemessener Löhne, ethisch kritisch beäugt. Während diese Praktiken darauf abzielten, die hohen Produktionsanforderungen effizient zu erfüllen, kollidierten sie mit ethischen Arbeitsstandards. Die Kontroverse lenkte die Aufmerksamkeit auf die ethische Verantwortung der Unternehmen in ihren Lieferketten und drängte auf Reformen der Arbeitspraktiken.

Diese Beispiele zeigen die Komplexität, mit der Führungskräfte konfrontiert sind, wenn Unternehmensziele mit ethischen Standards in Konflikt geraten. Sie verdeutlichen, wie wichtig es ist, ethischen Erwägungen in den Unternehmensstrategien Vorrang einzuräumen, und welche langfristigen Auswirkungen es auf den Ruf, das Vertrauen und die rechtliche Stellung hat, wenn dies nicht der Fall ist.

Ein ethisches Dilemma in einem Führungskontext ist eine komplexe Situation, in der Führungskräfte vor Entscheidungen stehen, die Konflikte zwischen mehreren ethischen Werten oder Prinzipien beinhalten. Diese Dilemmata zeichnen sich dadurch aus, dass es keine eindeutige richtige oder falsche Option gibt, was sie zu einer besonderen Herausforderung macht. Eine Führungskraft muss sich unter Umständen entscheiden, ob sie ehrlich zu ihrem Team sein will und deshalb Wert auf Transparenz legt, oder ob sie bestimmte Informationen vertraulich behandeln will, um die Stabilität zu wahren und damit das Wohl der Organisation zu schützen.

Solche Entscheidungen haben in der Regel nicht nur erhebliche Konsequenzen für die Führungskraft, sondern auch für das Unternehmen und seine Stakeholder und wirken sich auf Aspekte wie die Moral der Mitarbeiter, das Vertrauen der Kunden, den Ruf des Unternehmens und die finanzielle Gesundheit aus. Ethische Dilemmata stellen sowohl persönliche Werte wie Integrität, Fairness und Verantwortungsbewusstsein als auch die Werte der Organisation, einschließlich der Verpflichtung gegenüber den Stakeholdern und der Unternehmensethik, auf die Probe. Sie verlangen von den Führungskräften, diese Werte angesichts komplexer Entscheidungen zu prüfen und möglicherweise zu priorisieren.

Die Art und Weise, wie Führungskräfte mit diesen ethischen Dilemmata umgehen, kann die Kultur der Organisation erheblich beeinflussen. Ihre Entscheidungen schaffen Präzedenzfälle für künftige Entscheidungen und signalisieren den Mitarbeitern, welche Verhaltensweisen und Werte innerhalb der Organisation wirklich hochgehalten werden. Dieser Aspekt unterstreicht die moralische Verantwortung, die Führungskräfte in solchen Situationen tragen, da ihre Entscheidungen nicht nur ihren persönlichen Charakter widerspiegeln, sondern auch die ethischen Standards der Organisation, die sie leiten.

Die erfolgreiche Bewältigung ethischer Dilemmata ist daher ein Schlüsselaspekt ethischer Führung, der einen nuancierten Ansatz erfordert, der widersprüchliche Werte ausgleicht, potenzielle

Konsequenzen abschätzt und die allgemeinen Auswirkungen auf das Ethos der Organisation berücksichtigt.

Ein bemerkenswerter Fall aus dem wirklichen Leben, bei dem organisatorische Ziele mit ethischen Überlegungen in Konflikt gerieten, ist der Enron-Skandal, einer der berüchtigtsten Fälle von Unternehmensethik in der Geschichte.

Die Enron Corporation, ein amerikanisches Energieunternehmen mit Sitz in Houston, Texas, war in einen der größten Bilanzbetrügereien der frühen 2000er Jahre verwickelt. Die Führungskräfte des Unternehmens, darunter der CEO Kenneth Lay und der CFO Jeffrey Skilling, waren in umfangreiche Bilanzfälschungen und Korruption verwickelt. Die organisatorischen Ziele von Enron waren stark auf aggressives finanzielles Wachstum und die Aufrechterhaltung seines Aktienkurses ausgerichtet. Das Unternehmen setzte komplexe Finanzstrukturen und zweifelhafte Buchhaltungspraktiken ein, wie z. B. Mark-to-Market-Bilanzierung und Zweckgesellschaften, um seine wachsende Verschuldung zu verbergen und Investoren und Analysten eine äußerst günstige Finanzlage zu präsentieren. Dieser Ansatz stand in direktem Widerspruch zu ethischen Erwägungen wie Transparenz, Ehrlichkeit und Verantwortlichkeit.

Die Führung von Enron gab dem finanziellen Erscheinungsbild des Unternehmens Vorrang vor einer ethischen Finanzberichterstattung und Transparenz. Die betrügerischen Praktiken führten nicht nur die Aktionäre und die Öffentlichkeit in die Irre, sondern gefährdeten auch den Lebensunterhalt vieler Mitarbeiter und Investoren. Die Führungskräfte von Enron manipulierten die Finanzzahlen des Unternehmens, um die Aktienkurse künstlich hochzuhalten, und profitierten selbst von den Aktienverkäufen, während Mitarbeiter und Aktionäre mit wertlosen Aktien zurückblieben.

Der Skandal führte zum Konkurs von Enron im Jahr 2001, dem damals größten Konkurs in der Geschichte der Vereinigten Staaten. Die Folgen waren massiv: Tausende von Mitarbeitern verloren ihren Arbeitsplatz und ihre Ersparnisse, Anleger verloren Milliarden von Dollar, und das Vertrauen der Öffentlichkeit in die Unternehmensführung war stark erschüttert. Der Enron-Skandal führte zu bedeutenden Änderungen der Unternehmensführung und der Rechnungslegungsvorschriften, einschließlich der Verabschiedung des Sarbanes-Oxley-Gesetzes im Jahr 2002, das strengere Standards für die Finanzberichterstattung von Unternehmen vorschreibt.

Der Fall Enron führt uns eindringlich vor Augen, welche langfristigen Folgen es hat, wenn Unternehmensziele auf Kosten ethischer Überlegungen verfolgt werden. Er unterstreicht die Bedeutung ethischer Integrität in der Geschäftspraxis und die verheerenden Auswirkungen, die unethisches Verhalten auf ein Unternehmen und seine Stakeholder haben kann.

Konflikte zwischen der persönlichen Ethik einer Führungskraft und der Ethik ihrer Organisation stellen komplexe Herausforderungen dar, die eine sorgfältige Navigation und manchmal schwierige Entscheidungen erfordern. Diese Konflikte treten auf, wenn die moralischen Grundsätze einer Person und die Werte, Praktiken oder Richtlinien der Organisation, der sie angehört, nicht übereinstimmen. Solche Diskrepanzen können sich auf verschiedene Weise manifestieren, z. B. wenn sich eine Führungskraft, die in einem Unternehmen arbeitet, das Wert auf Vertraulichkeit legt, persönlich für Transparenz einsetzt, oder wenn sie sich in einem Unternehmen, das dem Profit Vorrang vor der Nachhaltigkeit einräumt, für den Umweltschutz engagiert.

Diese Diskrepanz kann den Entscheidungsfindungsprozess einer Führungskraft erheblich beeinträchtigen, zu internen Konflikten führen und möglicherweise eine geringere Arbeitszufriedenheit oder sogar Burnout zur Folge haben. Sie kann sich auch auf die Effektivität der Führung auswirken: Führungskräfte haben möglicherweise Schwierigkeiten, Maßnahmen umzusetzen, die mit ihrer persönlichen Ethik kollidieren, was zu Inkonsistenz in ihrer Führung führt und möglicherweise ihre Autorität und Glaubwürdigkeit untergräbt.

Die Auswirkungen solcher Konflikte können sich auf die gesamte Unternehmenskultur und die Moral der Mitarbeiter auswirken. Führungskräfte sind maßgeblich an der Gestaltung der Unternehmenskultur beteiligt, und eine Diskrepanz zwischen ihren ethischen Grundsätzen und der Organisation kann bei den Mitarbeitern Verwirrung und moralisches Unbehagen hervorrufen, was das Vertrauen untergräbt und das Engagement und die Produktivität der Belegschaft beeinträchtigt.

Die Lösung dieser Konflikte erfordert häufig eine offene Kommunikation und Verhandlungen mit der Geschäftsleitung oder dem Vorstand, was zu positiven Veränderungen der Organisationspolitik oder -praxis führen kann. Es kann jedoch auch erforderlich sein, dass die Führungskräfte ihre Übereinstimmung mit den Werten der Organisation kritisch überprüfen und schwierige Entscheidungen über ihre Zukunft innerhalb der Organisation treffen müssen.

Idealerweise sollten Führungskräfte danach streben, ihre persönlichen Werte mit denen ihrer Organisation in Einklang zu bringen. Eine solche Übereinstimmung fördert nicht nur ein harmonischeres und effektiveres Führungsverhalten, sondern trägt auch positiv zur Unternehmenskultur bei. Wenn Führungskräfte mit diesen Dilemmata konfrontiert werden, haben sie die Möglichkeit, ethische Führungsqualitäten zu zeigen, indem sie sich für Veränderungen einsetzen, die die Organisation stärker an ethisch einwandfreien Praktiken ausrichten. Diese Befürwortung kann eine treibende Kraft für einen positiven Wandel sein, der die Organisation enger an persönliche und allgemein anerkannte ethische Standards anpasst.

Die Bewältigung ethischer Dilemmata ist eine zeitlose Herausforderung für Führungskräfte, und sowohl historische als auch aktuelle Beispiele bieten wertvolle Anhaltspunkte für den Umgang mit diesen komplexen Situationen.

Abraham Lincoln und die Emanzipationsproklamation

Abraham Lincoln stand während des amerikanischen Bürgerkriegs vor einem ethischen und moralischen Dilemma, was die Abschaffung der Sklaverei anging. Die 1863 erlassene Emanzipationsproklamation war ein strategischer Schachzug inmitten des Krieges. Lincoln musste den moralischen Imperativ der Abschaffung der Sklaverei mit der praktischen Notwendigkeit abwägen, die Union zusammenzuhalten und den Krieg zu gewinnen. Diese Entscheidung war umstritten, zeigte aber seine Fähigkeit, sich in komplexen ethischen Gewässern zurechtzufinden, indem er moralische Werte mit strategischen Zielen in Einklang brachte - eine Lektion darin, schwierige Entscheidungen zu treffen, die mit einer umfassenderen Vision für Veränderung und Gerechtigkeit in Einklang stehen.

Rosalind Brewer bei Starbucks

Als COO von Starbucks sah sich Rosalind Brewer mit einem ethischen Dilemma konfrontiert, nachdem 2018 zwei afroamerikanische Männer in einem Starbucks in Philadelphia verhaftet worden waren, was den Vorwurf der rassistischen Voreingenommenheit auslöste. Unter ihrer Führung reagierte Starbucks mit der Schließung von mehr als 8.000 Filialen für einen Tag, um Schulungen für Mitarbeiter zu rassistischen Vorurteilen durchzuführen. Diese Entscheidung zeigte, dass sich das Unternehmen zu sozialer Verantwortung und zur Lösung gesellschaftlicher Probleme verpflichtet fühlte, selbst auf Kosten kurzfristiger Geschäftseinbußen. Sie verdeutlichte, wie wichtig es ist, die Handlungen des Unternehmens mit ethischen Standards und gesellschaftlichen Werten in Einklang zu bringen.

Paul Polman bei Unilever

Als CEO von Unilever richtete Paul Polman das Unternehmen neu auf Nachhaltigkeit und ethische Beschaffung aus. Er stand vor dem Dilemma, die Erwartungen der Aktionäre an kurzfristige Gewinne mit seiner langfristigen Vision von Nachhaltigkeit und ethischen Geschäftspraktiken in Einklang zu bringen. Polmans Engagement für nachhaltige Praktiken, auch wenn dies mit kurzfristigen finanziellen Zielen kollidierte, ist ein Beispiel dafür, wie Führungskräfte ethische Veränderungen in der Wirtschaft vorantreiben können, indem sie langfristige strategische Ziele mit ethischen Praktiken in Einklang bringen.

Satya Nadella bei Microsoft

Seit seinem Amtsantritt als CEO von Microsoft legt Satya Nadella großen Wert auf eine ethische Technologieentwicklung, insbesondere im Bereich der künstlichen Intelligenz (KI). Er hat sich mit ethischen Dilemmata rund um Datenschutz, Überwachung und die ethische Nutzung von KI auseinandergesetzt und sich für verantwortungsvolle und ethische Richtlinien bei der Technologieentwicklung eingesetzt. Unter seiner Führung hat Microsoft ethische Grundsätze für die KI-Entwicklung eingeführt und damit gezeigt, wie Führungskräfte ethische Herausforderungen in aufstrebenden Technologiebereichen proaktiv angehen können.

Diese Beispiele aus verschiedenen Epochen und Branchen zeigen, dass es zur Bewältigung ethischer Dilemmata oft erforderlich ist, moralische Gebote mit praktischen Realitäten in Einklang zu bringen, langfristige strategische Ziele mit ethischen Grundsätzen in Einklang zu bringen und bereit zu sein, angesichts komplexer Herausforderungen mutige Entscheidungen zu treffen. Sie verdeutlichen auch, wie wichtig es ist, die breiteren sozialen Auswirkungen von Geschäftsentscheidungen zu berücksichtigen und die Rolle ethischer Führung bei der Gestaltung von Industriestandards und -praktiken zu berücksichtigen.

Das Kapitel schließt mit der Feststellung, dass die Förderung einer Unternehmenskultur, die ethische Entscheidungen unterstützt und moralische Werte mit den Unternehmenszielen in Einklang bringt, ein vielschichtiges Unterfangen ist, das das Engagement aller Ebenen des Unternehmens erfordert. Eine solche Kultur hilft nicht nur bei der Bewältigung ethischer Dilemmata, sondern trägt auch zum langfristigen Erfolg und zur Nachhaltigkeit des Unternehmens bei.

Um eine solche Kultur zu schaffen und aufrechtzuerhalten, ist es unerlässlich, ethische Werte in den Kern des Auftrags und der Tätigkeit des Unternehmens einzubetten. Dies bedeutet, dass man über bloße Absichtserklärungen hinausgeht und ethische Erwägungen aktiv in die täglichen Geschäftspraktiken, Entscheidungsprozesse und Leistungskennzahlen einbezieht. Die Führungsebene spielt bei dieser Integration eine entscheidende Rolle. Führungskräfte müssen nicht nur ethische Werte vertreten, sondern diese auch durch ihr Handeln und ihre Entscheidungen vorleben und damit ein klares Beispiel für den Rest der Organisation setzen.

Bildung und Schulung sind die Schlüsselkomponenten für die Förderung des ethischen Bewusstseins und der Sensibilität der Mitarbeiter. Regelmäßige Schulungen über ethische Entscheidungsfindung, Ethikrichtlinien des Unternehmens und neue ethische Herausforderungen in der Branche können den Mitarbeitern das Wissen und die Mittel an die Hand geben, die sie benötigen, um ethisch fundierte Entscheidungen zu treffen.

Offene Kommunikation und Transparenz sind entscheidend für den Aufbau von Vertrauen und ein gemeinsames Verständnis ethischer Praktiken. Die Förderung eines offenen Dialogs über ethische Dilemmata und Entscheidungen trägt dazu bei, diese Herausforderungen zu entmystifizieren und eine Kultur zu fördern, in der ethische Überlegungen offen diskutiert und angesprochen werden.

Ein Umfeld, das ethische Entscheidungen unterstützt, bietet auch sichere Kanäle, um Bedenken zu äußern und unethisches Verhalten zu melden. Dazu gehört die Einrichtung klarer, vertraulicher und straffreier Mechanismen für Mitarbeiter, die ethische Verstöße melden und sich dabei sicher und unterstützt fühlen. Die Anerkennung und Belohnung von ethischem Verhalten stärkt dessen Wert innerhalb der Organisation. Dies kann durch formale Anerkennungsprogramme, Beförderungen oder andere Anreize geschehen, die Mitarbeiter, die bei ihrer Arbeit ethisches Verhalten an den Tag legen, belohnen.

Die kontinuierliche Überprüfung und Aktualisierung ethischer Richtlinien und Praktiken stellt sicher, dass die Organisation mit den sich ändernden rechtlichen, sozialen und branchenspezifischen Standards Schritt hält. Regelmäßige Audits und Bewertungen ethischer Praktiken können dabei helfen, verbesserungswürdige Bereiche zu identifizieren und sicherzustellen, dass die ethischen Standards der Organisation relevant und effektiv bleiben.

Die Förderung einer Unternehmenskultur, die ethische Entscheidungen unterstützt und moralische Werte mit den Unternehmenszielen in Einklang bringt, ist ein fortlaufender Prozess, der einen umfassenden und proaktiven Ansatz erfordert. Dazu gehören das Engagement der Führungskräfte, Aus- und Weiterbildung, offene Kommunikation, sichere Meldemechanismen, die Anerkennung ethischen Verhaltens und die kontinuierliche Verbesserung der ethischen Standards. Eine solche Kultur führt das Unternehmen nicht nur durch ethische Dilemmata, sondern erhöht auch seine Glaubwürdigkeit, seine Widerstandsfähigkeit und seinen Gesamterfolg.

Kapitel 6: Der Personenkult und die Anbetung der Führer

Die Gestaltung einer öffentlichen Persona beinhaltet die bewusste Darstellung von Eigenschaften und Qualitäten, die sowohl mit dem authentischen Selbst der Führungskraft als auch mit den Erwartungen ihres Publikums übereinstimmen. Je nach Kontext und gewünschtem Image können Führungskräfte Eigenschaften wie Selbstvertrauen, Charisma, Empathie oder Fachwissen hervorheben. Strategische Kommunikation ist ein wichtiges Instrument in diesem Prozess, wobei Plattformen wie öffentliche Reden, soziale Medien, Interviews und schriftliche Kommunikation genutzt werden. Die Art und Weise, wie Führungskräfte kommunizieren, die Sprache, die sie verwenden, und die Themen, die sie ansprechen, tragen alle dazu bei, ihr öffentliches Image zu prägen.

Konsistenz im Verhalten, in den Botschaften und in den Werten ist entscheidend für die Aufrechterhaltung einer glaubwürdigen öffentlichen Persona. Führungspersönlichkeiten, die stets dieselben Qualitäten zeigen und sich an dieselben Grundsätze halten, werden eher als authentisch und vertrauenswürdig wahrgenommen. Regelmäßige Sichtbarkeit spielt ebenfalls eine wichtige Rolle bei der Aufrechterhaltung dieser Persona, die durch aktive Teilnahme an öffentlichen Veranstaltungen, Medienauftritte und Engagement in sozialen und beruflichen Netzwerken erreicht wird.

Personal Branding ist ein weiterer Aspekt, ähnlich wie bei Organisationen, bei dem Führungskräfte einzigartige Eigenschaften identifizieren und fördern, die sie von anderen abheben. Dazu können ein besonderer Führungsstil, bestimmte Fachgebiete oder ein einzigartiger Problemlösungsansatz gehören. Emotionale Intelligenz ist ebenfalls von zentraler Bedeutung, da effektive Führungskräfte sie nutzen, um mit ihrem

Publikum in Kontakt zu treten, indem sie Einfühlungsvermögen zeigen und die emotionalen Bedürfnisse der Geführten verstehen.

Die Aufrechterhaltung einer öffentlichen Persona erfordert ständige Bemühungen und Anpassungen. Führungskräfte müssen ständig prüfen, wie sie wahrgenommen werden, und ihr Image bei Bedarf anpassen. Die Anpassung an Veränderungen, wie z. B. gesellschaftliche Normen oder organisatorische Veränderungen, ist Teil dieses Prozesses. Es ist jedoch wichtig, dass diese Anpassung nicht die Authentizität und Integrität der Führungskraft gefährdet. Wenn man sich um des Images willen zu weit von seinem wahren Selbst entfernt, kann das zu einem Verlust an Glaubwürdigkeit führen.

Feedback und Selbstreflexion sind für die Aufrechterhaltung einer relevanten und effektiven öffentlichen Persona unerlässlich. Führungskräfte sollten sich aktiv um Feedback von vertrauenswürdigen Beratern, Mentoren und ihrem Publikum bemühen, um zu verstehen, wie sie wahrgenommen werden, und um Bereiche mit Verbesserungspotenzial zu identifizieren.

Die Gestaltung und Pflege einer öffentlichen Persona ist eine strategische und kontinuierliche Aufgabe für Führungskräfte. Dazu gehören klare Kommunikation, Sichtbarkeit, persönliches Branding, emotionale Intelligenz und ein Gleichgewicht zwischen Anpassung und Authentizität, das eine wichtige Rolle dabei spielt, wie Führungskräfte wahrgenommen werden und wie sie effektiv führen können. Um zu verstehen, warum und wie sich das Image einer Führungskraft auf ihre Effektivität und die Wahrnehmung ihrer Führung auswirkt, muss man das komplexe Zusammenspiel zwischen Image, Einfluss und Glaubwürdigkeit im Bereich der Führung erkennen.

Die Art und Weise, wie sich eine Führungskraft präsentiert, ist oft der erste Kontakt zwischen ihr und ihren Interessengruppen, einschließlich Mitarbeitern, Kunden und der Öffentlichkeit. Dieses Bild prägt die ersten Wahrnehmungen und Erwartungen. Führungskräfte, die Selbstvertrauen, Kompetenz und Integrität ausstrahlen, werden eher positiv wahrgenommen, was sich in größerem Einfluss und der Fähigkeit, andere zu motivieren und zu inspirieren, niederschlagen kann. Im Gegensatz dazu kann eine Führungskraft, deren Image inkonsistent oder negativ ist, Schwierigkeiten haben, das Vertrauen und den Respekt ihrer Stakeholder zu gewinnen, was ihre Effektivität beeinträchtigen kann.

Die Führungspersönlichkeit ist nicht nur ein äußeres Erscheinungsbild, sondern umfasst auch ihren Kommunikationsstil, ihr Verhalten, ihre Entscheidungsmuster und ihren Umgang mit Krisen. Diese Elemente vermitteln gemeinsam eine Botschaft über die Werte, Prioritäten und Fähigkeiten der Führungskraft. Eine Führungskraft, die konsequent transparent und einfühlsam kommuniziert, wird wahrscheinlich eine Kultur des Vertrauens und der Offenheit fördern, die für eine effektive Führung entscheidend ist.

Die Art und Weise, wie sich eine Führungskraft in der Öffentlichkeit verhält, insbesondere in schwierigen Situationen, wirkt sich ebenfalls erheblich auf ihr Image und ihre Effektivität aus. Führungskräfte, die unter Druck ruhig, überlegt und entschlossen bleiben, werden oft als fähiger und zuverlässiger angesehen. Diese wahrgenommene Fähigkeit und Zuverlässigkeit sind für ein effektives Krisenmanagement und die Führung einer Organisation durch schwierige Zeiten von entscheidender Bedeutung.

Das Image einer Führungskraft kann sich auf ihre Fähigkeit auswirken, Veränderungen in ihrer Organisation zu bewirken. Führungskräfte, die positiv gesehen werden und sich den Respekt ihrer Stakeholder verdient haben, werden neue Initiativen und Strategien mit größerer Wahrscheinlichkeit erfolgreich umsetzen. Ihr positives Image kann dazu beitragen, Widerstände gegen Veränderungen zu überwinden, da die Beteiligten eher geneigt sind, ihrem Urteil zu vertrauen und ihrer Führung zu folgen.

Im heutigen digitalen Zeitalter, in dem Informationen schnell verbreitet werden, kann das Image einer Führungskraft schnell global werden und ihre Fähigkeit zur Führung nicht nur innerhalb ihres Unternehmens, sondern auch in der breiteren Branche oder in der Öffentlichkeit beeinträchtigen. Ein starkes, positives Image kann die Fähigkeit einer Führungskraft verbessern, über ihren unmittelbaren Wirkungskreis hinaus Einfluss zu nehmen, während ein negatives Image ihren Einfluss auf breiterer Ebene stark einschränken kann. Das Image spielt eine entscheidende Rolle für ihre Effektivität und die Wahrnehmung ihrer Führungsqualitäten. Es wirkt sich darauf aus, wie sie von den Beteiligten gesehen werden, auf ihre Fähigkeit, zu inspirieren und zu motivieren, auf ihre Effektivität in Krisensituationen, auf ihre Fähigkeit, Veränderungen durchzusetzen, und auf ihren allgemeinen Einfluss innerhalb und außerhalb ihrer Organisation. Daher ist die Pflege eines positiven und authentischen Images ein wesentlicher Aspekt effektiver Führung.

Die Entwicklung eines öffentlichen Images, das mit den Führungszielen und den Werten der Organisation übereinstimmt, erfordert ein strategisches und gewissenhaftes Vorgehen. Diese Abstimmung ist von entscheidender Bedeutung, um sicherzustellen, dass das öffentliche Erscheinungsbild einer Führungskraft ihre Führungsziele und die umfassenderen Bestrebungen ihrer Organisation stärkt. Im Folgenden finden Sie einige Strategien und Überlegungen für Führungskräfte zur Entwicklung eines solchen Images:

1. Selbstbeurteilung und Ausrichtung: Führungskräfte sollten mit einer gründlichen Selbsteinschätzung beginnen, um ihre Stärken, Schwächen und Kernwerte zu verstehen. Diese Selbsterkenntnis ist entscheidend, um sicherzustellen, dass das Bild, das sie in der Öffentlichkeit abgeben, authentisch ist und mit ihrem wahren Führungsstil und ihren persönlichen Werten übereinstimmt.

2. Organisatorische Werte verstehen: Für Führungskräfte ist es wichtig, die Werte, die Kultur und die Ziele ihrer Organisation genau zu kennen. Ihr öffentliches Erscheinungsbild sollte diese Unternehmenswerte widerspiegeln und fördern, um die Marke und das Ethos des Unternehmens zu stärken.

3. Konsistenz zwischen den Kanälen: Die Konsistenz der Botschaften und des Verhaltens über verschiedene Plattformen hinweg ist entscheidend. Ob bei einer öffentlichen Veranstaltung, in den sozialen Medien oder bei der Interaktion mit Mitarbeitern - das Image und die Botschaften der Führungskraft sollten ihre Führungsziele und die Werte des Unternehmens konsequent widerspiegeln.

4. Effektive Kommunikationsfähigkeiten: Die Entwicklung starker Kommunikationsfähigkeiten ist entscheidend. Führungskräfte sollten in der Lage sein, ihre Vision und ihre Werte klar und überzeugend zu formulieren, und zwar in einer Weise, die bei verschiedenen Zielgruppen Anklang findet.

5. Sichtbarkeit und Engagement: Sichtbarkeit und aktives Engagement gegenüber wichtigen Interessengruppen sind wichtig für den Aufbau und die Pflege eines öffentlichen Images. Dies kann die Teilnahme an Branchenveranstaltungen, Gemeinschaftsprojekten oder internen Unternehmensforen beinhalten.

6. Reagieren auf Feedback: Führungskräfte sollten offen für Feedback sein und aktiv nachfragen, wie sie wahrgenommen werden. Dieses Feedback kann wertvolle Erkenntnisse darüber liefern, wie gut ihr öffentliches Image mit ihren Führungszielen und Unternehmenswerten übereinstimmt.

7. Anpassungsfähigkeit: Die Fähigkeit, sich an veränderte Umstände anzupassen und das eigene Image entsprechend zu verändern, ist wichtig. Diese Anpassungsfähigkeit sollte jedoch nicht auf Kosten des Verlusts der eigenen Kernidentität oder der Abweichung von den Werten der Organisation gehen.

8. Vorbildfunktion: Führungskräfte sollten die Verhaltensweisen und Einstellungen verkörpern, die sie in ihrer Organisation anstreben. Indem sie als Vorbild fungieren, kann das Image einer Führungskraft die gewünschten kulturellen Eigenschaften und Verhaltensweisen innerhalb der Organisation verstärken.

9. Ethische Erwägungen: Alle Aspekte des öffentlichen Erscheinungsbildes einer Führungskraft sollten auf einer soliden ethischen Grundlage beruhen. Dazu gehören Ehrlichkeit, Transparenz und Verantwortungsbewusstsein in allen Bereichen des öffentlichen Handelns.

10. Berufliche Entwicklung: Kontinuierliche Weiterbildung und Entwicklung können Führungskräften dabei helfen, ihr öffentliches Image auf eine Weise zu entwickeln, die relevant und wirkungsvoll bleibt. Dazu können Schulungen, Mentorenschaften oder das Lernen von anderen erfolgreichen Führungskräften gehören.

Die Entwicklung eines öffentlichen Images, das mit den Führungszielen und den Werten der Organisation übereinstimmt, erfordert eine Kombination aus Selbsterkenntnis, Konsistenz, effektiver Kommunikation, Sichtbarkeit, Reaktionsfähigkeit auf Feedback, Anpassungsfähigkeit, Vorbildfunktion, ethischem Verhalten und kontinuierlicher beruflicher Weiterentwicklung. Durch die strategische Entwicklung ihres öffentlichen Images können Führungskräfte ihren Einfluss und ihre Effektivität sowohl innerhalb als auch außerhalb ihrer Organisation stärken.

Die Suche nach dem Gleichgewicht zwischen authentischer Führung und der Notwendigkeit, ein bestimmtes Image zu präsentieren, ist ein nuancierter Aspekt der modernen Führung. Authentische Führung basiert auf Aufrichtigkeit, Transparenz und Treue zu den eigenen Werten und Überzeugungen, während man gleichzeitig auf die Erwartungen und Bedürfnisse der Stakeholder eingeht. Diese Authentizität mit der oft notwendigen Darstellung eines bestimmten Images in Einklang zu bringen, kann eine Herausforderung sein, ist aber entscheidend für eine effektive Führung.

Authentische Führung beruht auf Selbsterkenntnis, ethischer Entscheidungsfindung und dem Aufbau echter Beziehungen zu den Anhängern. Dazu gehört, dass die Führungspersönlichkeiten sich selbst treu bleiben und sich nicht an Erwartungen anpassen, die mit ihren Grundwerten und Überzeugungen kollidieren.

Authentische Führungskräfte zeichnen sich durch Transparenz, Beständigkeit und Zuverlässigkeit aus. Sie teilen ihre wahren Gedanken und Gefühle mit, geben ihre Fehler zu und sind offen für ihre Schwächen. Diese Authentizität fördert das Vertrauen und den Respekt der Gefolgschaft.

Andererseits müssen Führungskräfte oft ein bestimmtes Image präsentieren, um mit der Rolle der Organisation, den Erwartungen der Interessengruppen und den gesellschaftlichen Normen übereinzustimmen. Zu diesem Image kann es gehören, Zuversicht, Entschlossenheit und Stärke zu zeigen, vor allem in Rollen, die traditionell diese Eigenschaften verlangen. Die Notwendigkeit, ein bestimmtes Image zu präsentieren, kann auch aus strategischen Erwägungen erwachsen, z. B. wenn es darum geht, Veränderungen voranzutreiben, in einer Krise Vertrauen zu erwecken oder die Organisation in der Öffentlichkeit zu vertreten.

Das Gleichgewicht zwischen authentischer Führung und der Notwendigkeit, ein bestimmtes Image zu vermitteln, erfordert einige wichtige Überlegungen:

- Image mit Grundwerten in Einklang bringen: Führungskräfte sollten darauf achten, dass das Bild, das sie vermitteln, nicht in direktem Widerspruch zu ihren Grundwerten und Überzeugungen steht. Diese Übereinstimmung hilft dabei, die Authentizität zu bewahren, auch wenn sie sich an verschiedene Rollen oder Situationen anpassen.

- Anpassungsfähigkeit und Flexibilität: Wirksame Führungskräfte sind anpassungsfähig und können ihren Führungsstil und ihr Erscheinungsbild flexibel an die jeweilige Situation anpassen, ohne dabei ihren authentischen Kern zu verlieren. Diese Anpassungsfähigkeit ermöglicht es ihnen, verschiedenen Herausforderungen und Erwartungen wirksam zu begegnen.

- Selbstreflexion und Feedback: Regelmäßige Selbstreflexion und das Einholen von Feedback können Führungskräften helfen, zu verstehen, wie ihr Image wahrgenommen wird und ob es mit ihrem authentischen Selbst übereinstimmt. Diese Praxis hilft dabei, notwendige Anpassungen vorzunehmen und sich selbst treu zu bleiben.

- Transparente Kommunikation: Auch wenn sie ein bestimmtes Image haben, können Führungskräfte durch transparente Kommunikation Authentizität bewahren. Die Gründe für bestimmte Handlungen oder Entscheidungen offen darzulegen, trägt dazu bei, das Vertrauen zu erhalten.

- Erkennen der Rolle der Wahrnehmung: Führungskräfte müssen erkennen, welche Rolle die Wahrnehmung bei der Führung spielt. Wenn sie verstehen, wie verschiedene Handlungen oder Kommunikationen wahrgenommen werden, können sie ein effektives und zugleich authentisches Image vermitteln.

Um ein Gleichgewicht zwischen authentischer Führung und der Notwendigkeit, ein bestimmtes Image zu präsentieren, herzustellen, muss man sein Image mit den Grundwerten in Einklang bringen, anpassungsfähig sein, sich selbst reflektieren, eine transparente Kommunikation pflegen und die Rolle der Wahrnehmung verstehen. Dieses Gleichgewicht ist für Führungskräfte unerlässlich, um effektiv, glaubwürdig und respektiert zu sein.

Die Steuerung und Anpassung der öffentlichen Wahrnehmung in verschiedenen Situationen, auch in Krisen, ist eine entscheidende Fähigkeit für Führungskräfte. Dazu gehört eine Kombination aus strategischer Kommunikation, Transparenz, Anpassungsfähigkeit und Konsequenz.

In Krisensituationen ist eine prompte und ehrliche Kommunikation entscheidend. Führungskräfte sollten die Situation schnell anerkennen, klare und genaue Informationen liefern und mitteilen, was zur Lösung des Problems unternommen wird. Es ist wichtig, gegebenenfalls die Verantwortung zu übernehmen und zu vermeiden, die Schuld abzuwälzen oder das

Problem zu verharmlosen. Dieser Ansatz trägt dazu bei, Glaubwürdigkeit und Vertrauen zu erhalten.

Außerhalb von Krisen sollten Führungskräfte ihr öffentliches Image proaktiv pflegen, indem sie sich regelmäßig mit ihren Stakeholdern austauschen. Dazu gehört der Austausch von Neuigkeiten, Erfolgen und Zukunftsplänen, aber auch das direkte Ansprechen von Bedenken oder negativen Wahrnehmungen. Eine eher proaktive als reaktive Kommunikation trägt dazu bei, eine positive Wahrnehmung zu schaffen.

Ein aktives Zuhören bei Rückmeldungen aus verschiedenen Quellen, z. B. von Mitarbeitern, Kunden, Medien und der Öffentlichkeit, ist entscheidend. Wenn Führungskräfte verstehen, wie andere sie und ihr Unternehmen wahrnehmen, können sie ihre Kommunikationsstrategien und -maßnahmen entsprechend anpassen.

Führungskräfte müssen in ihrer Kommunikation auch Einfühlungsvermögen und Verständnis zeigen. Wenn sie zeigen, dass sie die Anliegen anderer verstehen und sich um sie kümmern, trägt dies zum Aufbau von Beziehungen und Vertrauen bei. Dies ist besonders wichtig in Zeiten des Wandels oder der Ungewissheit, in denen sich die Beteiligten ängstlich oder abweisend fühlen können.

Bei jeder Kommunikation ist die Konsistenz entscheidend. Führungskräfte sollten sicherstellen, dass ihre Botschaften über verschiedene Plattformen und Situationen hinweg konsistent sind. Konsistenz trägt dazu bei, Schlüsselbotschaften zu verstärken und ein zuverlässiges und vertrauenswürdiges Image aufzubauen.

Anpassungsfähigkeit ist auch wichtig, um die öffentliche Wahrnehmung zu steuern. Führungspersönlichkeiten sollten in der Lage sein, ihren Kommunikationsstil und ihre Strategien an unterschiedliche Zielgruppen und Situationen anzupassen. Diese Flexibilität ermöglicht es ihnen, ein breites Spektrum an Wahrnehmungen und Erwartungen wirksam anzusprechen. Die Aufrechterhaltung ethischer Standards bei allen

Kommunikationen und Handlungen ist unerlässlich. Die Wahrung von Integrität, Ehrlichkeit und Respekt in allen Interaktionen stärkt ein positives öffentliches Image und schafft langfristiges Vertrauen und Glaubwürdigkeit.

Die Steuerung und Anpassung der öffentlichen Wahrnehmung erfordert einen strategischen Ansatz, der effektive Kommunikation, aktives Zuhören, Einfühlungsvermögen, Konsequenz, Anpassungsfähigkeit und ein starkes ethisches Fundament kombiniert. Dieser Ansatz ermöglicht es Führungskräften, verschiedene Situationen, einschließlich Krisen, effektiv zu meistern und ein positives und glaubwürdiges öffentliches Image zu wahren.

Die Analyse von Führungspersönlichkeiten, die ihre öffentliche Persona erfolgreich gemanagt haben, sowie von solchen, die in diesem Bereich auf Herausforderungen gestoßen sind, bietet wertvolle Einblicke in die Komplexität von Führung und öffentlicher Wahrnehmung. Schauen wir uns einige Beispiele für erfolgreiches und nicht so erfolgreiches Management der öffentlichen Persona an:

Jacinda Ardern, Premierministerin von Neuseeland

Ardern ist für ihren einfühlsamen Führungsstil und ihre effektive Kommunikation bekannt, was sich insbesondere bei ihrer Reaktion auf die Schießerei in der Christchurch-Moschee und die COVID-19-Pandemie zeigte. Ihre Fähigkeit, Einfühlungsvermögen, entschlossenes Handeln und klare Botschaften zu vermitteln, hat ihr Image als mitfühlende und zugleich starke Führungspersönlichkeit gefestigt. Dies hat nicht nur ihre Popularität erhöht, sondern auch das internationale Ansehen Neuseelands gestärkt.

Satya Nadella, Vorstandsvorsitzender von Microsoft

Seit seinem Amtsantritt als CEO ist es Nadella gelungen, das Image von Microsoft von einem bürokratischen, schwerfälligen Riesen zu einem innovativen und zukunftsorientierten

Unternehmen umzugestalten. Dies gelang ihm, indem er den Schwerpunkt des Unternehmens offen auf Cloud Computing und KI legte und eine Kultur des Lernens und Wachstums förderte. Sein persönliches Auftreten, das aufgeschlossen und nachdenklich ist, hat eine Schlüsselrolle bei der Umgestaltung des öffentlichen Images von Microsoft gespielt.

Travis Kalanick, ehemaliger CEO von Uber

Kalanicks Amtszeit als CEO von Uber war von verschiedenen Kontroversen geprägt, unter anderem in Bezug auf die Unternehmenskultur, die Behandlung von Fahrern und Rechtsstreitigkeiten. Sein aggressiver und kämpferischer Stil war zwar anfangs für den Aufbau des Unternehmens von Vorteil, trug aber später zu einer Reihe von PR-Krisen bei. Diese Probleme führten schließlich zu seinem Rücktritt und verdeutlichten, wie ein Führungsstil, der einst ein Vorteil war, zu einer Belastung werden kann, wenn er nicht an die sich ändernden Umstände angepasst wird.

Carly Fiorina, ehemalige CEO von Hewlett-Packard

Fiorina sah sich in ihrer Rolle als CEO mit Herausforderungen konfrontiert, insbesondere mit der umstrittenen Fusion mit Compaq. Sie wollte HP als einen dominanteren Akteur auf dem Markt positionieren, doch dieser Schritt stieß sowohl intern als auch extern auf Skepsis und Gegenreaktionen. Die darauf folgenden Leistungsprobleme und Stellenstreichungen führten zu einem Rückgang ihrer Popularität und stellten ihre Führungsentscheidungen in Frage, was schließlich zu ihrem Ausscheiden aus HP führte.

Diese Beispiele verdeutlichen, wie wichtig es ist, den Führungsstil und das Auftreten in der Öffentlichkeit auf die sich wandelnden Bedürfnisse der Organisation und ihrer Stakeholder abzustimmen. Während Ardern und Nadella zeigen, wie ein effektives Management der öffentlichen Persona die Effektivität der Führung und den Ruf des Unternehmens verbessern kann, veranschaulichen Kalanick und Fiorina die Herausforderungen, mit denen Führungskräfte konfrontiert werden können, wenn ihr persönlicher Stil oder ihre Entscheidungen nicht mit den Erwartungen der Stakeholder übereinstimmen oder wenn sie es versäumen, sich an veränderte Umstände anzupassen.

Das Konzept der Verehrung von Führungskräften in Organisationen bezieht sich auf eine Situation, in der eine einzelne Führungskraft übermäßig vergöttert, verehrt oder bewundert wird, und zwar in einem Maße, dass ihr Einfluss rationale Entscheidungsfindung, kritisches Denken und die normalen Kontrollmechanismen innerhalb der Organisation in den Hintergrund treten lässt. Dieses Phänomen kann sich auf verschiedene Weise manifestieren und sowohl für die Führungskraft als auch für die Organisation tiefgreifende Auswirkungen haben.

Die Verehrung von Führungskräften beginnt oft mit charismatischen Qualitäten, einer starken Vision oder bedeutenden Leistungen, die zu Bewunderung und Respekt seitens der Mitarbeiter oder Anhänger führen. Diese Bewunderung, die zunächst positiv ist, kann so weit gehen, dass die Ideen, Entscheidungen und Handlungen der Führungskraft ohne Hinterfragen oder kritische Analyse akzeptiert werden.

In einem solchen Szenario werden die Präsenz und die Persönlichkeit der Führungskraft zu einem zentralen Bestandteil der Identität und des Betriebs der Organisation. Die Mitarbeiter fühlen sich möglicherweise gezwungen, der Führungskraft zuzustimmen, unabhängig von ihrer persönlichen Meinung oder den Vorzügen der Standpunkte der Führungskraft. Diese Situation kann zu einer Kultur führen, in der abweichende Stimmen zum Schweigen gebracht werden und Gruppendenken vorherrscht, wodurch Innovation und Anpassungsfähigkeit unterdrückt werden.

Die Verehrung von Führungskräften manifestiert sich in Organisationen durch mehrere Schlüsselindikatoren:

1. Die Entscheidungsfindung konzentriert sich auf die Führungskraft: Die strategischen Entscheidungen der Organisation werden in erster Linie von der Führungskraft beeinflusst oder getroffen, ohne dass andere einen Beitrag leisten oder sie in Frage stellen.

2. Überbetonung des Leiters in der Kommunikation: Die Führungskraft wird in der internen und externen Kommunikation immer wieder hervorgehoben und überschattet die Beiträge der anderen Teammitglieder oder den gemeinschaftlichen Charakter der Leistungen.

3. Widerstand gegen Kritik: Es besteht ein offener oder subtiler Widerstand gegen Kritik an der Führungskraft, sowohl innerhalb als auch außerhalb der Organisation. Die Mitarbeiter fühlen sich möglicherweise nicht in der Lage, Bedenken zu äußern oder mit den Entscheidungen der Führungskraft nicht einverstanden zu sein.

4. Kultähnliche Kultur: Die Organisation kann eine kultähnliche Kultur entwickeln, in der die Überzeugungen und Werte der Führungskraft unhinterfragt als Teil des Organisationsethos übernommen werden.

5. Heldenhaftes Geschichtenerzählen: Die Errungenschaften und Qualitäten der Führungskraft werden in den Unternehmensüberlieferungen oft mythologisiert und in einen heroischen Status erhoben.

Ein gewisses Maß an Respekt und Bewunderung für Führungskräfte ist zwar normal und oft wünschenswert, aber die Verehrung von Führungskräften stört dieses Gleichgewicht und kann zu negativen Folgen wie schlechter Entscheidungsfindung, ethischen Verstößen und mangelnder Widerstandsfähigkeit in der Organisation führen. Es ist sowohl für Führungskräfte als auch für Organisationen wichtig, die Anzeichen für eine Verehrung von Führungskräften zu erkennen und Maßnahmen zu ergreifen, um ein gesundes Gleichgewicht von Respekt, kritischem Denken und gemeinsamer Führung zu wahren.

Das Phänomen der Verehrung von Führungskräften, bei dem sich eine Organisationskultur übermäßig auf eine einzige Führungskraft konzentriert, birgt verschiedene Herausforderungen und Risiken. Diese Situation kann sowohl für die Führungskraft als auch für die Organisation eine Reihe von negativen Folgen haben.

Eine der größten Herausforderungen bei der Verehrung von Führungskräften ist das Fehlen von kritischem Denken, das dadurch gefördert wird. Mitarbeiter oder Anhänger neigen dazu, die Entscheidungen der Führungskraft zu akzeptieren, ohne sie in Frage zu stellen, wodurch Debatten und Diskussionen unterdrückt werden, die für Innovationen und eine effektive Entscheidungsfindung unerlässlich sind. Diese Vergötterung schafft eine Abhängigkeit von der Führungskraft in Bezug auf Richtung und Entscheidungen, was die Entwicklung einer unabhängigen Führung innerhalb der Organisation behindert und sie angreifbar macht, wenn die Führungskraft abwesend oder unfähig ist.

In einem solchen Umfeld kann es zu einem Echokammereffekt kommen, bei dem nur Ideen, die mit den Ansichten der Führungskraft übereinstimmen, geäußert und verstärkt werden. Das Fehlen unterschiedlicher Perspektiven kann zu einer schlechten Entscheidungsfindung führen und dazu, dass potenzielle Probleme nicht erkannt und angegangen werden. Wenn sich eine Organisation zu sehr auf das Image einer einzelnen Führungskraft verlässt, besteht außerdem ein erhebliches Reputationsrisiko, wenn diese Führungskraft einen großen Fehler begeht oder in Ungnade fällt, da die Identität und der Erfolg der Organisation zu eng mit einer Person verbunden sind.

Eine Führungskraft auf ein Podest zu stellen, kann sie mit unrealistischen Erwartungen und Druck überfordern, was unhaltbar sein und zu Burnout führen kann. In ethischer Hinsicht kann die Verehrung von Führungskräften zu erheblichen Risiken führen, wenn die Führungskraft beginnt, an ihre Unfehlbarkeit zu glauben, was zu unethischen Entscheidungen, Machtmissbrauch oder der Missachtung von Vorschriften und Normen führen kann.

Organisationen, die ihre Führungspersönlichkeiten verehren, sind oft resistent gegen Veränderungen, vor allem wenn diese die Vision oder die Methoden der Führungskraft in Frage stellen, was Anpassungsfähigkeit und Wachstum behindert. Diese Kulturen können auch mit Nachfolgeproblemen konfrontiert sein, da jede neue Führungskraft Schwierigkeiten haben kann, den Status des vergötterten Vorgängers zu erreichen, was zu Führungslücken und organisatorischer Instabilität führt. Eine übermäßige Konzentration auf eine einzelne Führungskraft kann zu blinden Flecken bei der Entscheidungsfindung führen, da Entscheidungen auf der Grundlage der Perspektive der Führungskraft getroffen werden, ohne breitere Sichtweisen oder Daten zu berücksichtigen, was zu strategischen Fehlern führt.

Eine Kultur der Verehrung von Führungskräften in einer Organisation, in der eine einzelne Führungskraft übermäßig verehrt oder angebetet wird, birgt, wie wir bereits erwähnt haben, verschiedene Risiken und Herausforderungen in sich. Es ist wichtig, dies zu verstehen, und wir gehen ein wenig tiefer auf einige davon ein:

Fehlender Dissens: Eine der Hauptgefahren in einer Kultur der Führerverehrung ist die Unterdrückung oder das Fehlen von Dissens. Wenn eine Führungskraft vergöttert wird, fühlen sich die Mitarbeiter möglicherweise gezwungen, ihren Entscheidungen und Ansichten zuzustimmen, selbst wenn sie intern anderer Meinung sind. Das Fehlen von Meinungsverschiedenheiten unterdrückt gesunde Debatten und kritische Diskussionen, die für innovative und fundierte Entscheidungen unerlässlich sind. Aus Angst vor Repressalien oder aus dem Wunsch heraus, sich der vorherrschenden Meinung, die die Führungskraft unterstützt, anzupassen, halten die Mitarbeiter möglicherweise wertvolles Feedback oder konstruktive Kritik zurück.

Gruppendenken: Eng verbunden mit dem Fehlen von Dissens ist die Gefahr des Gruppendenkens. In einer Kultur der

Führerverehrung kann der überwältigende Wunsch, Harmonie und Einstimmigkeit innerhalb der Gruppe zu wahren, zu schlechten Entscheidungsprozessen führen. Kritische Analysen und alternative Standpunkte werden oft unterbewertet oder ignoriert, was zu Entscheidungen führt, die nicht vollständig durchdacht sind oder bei denen potenzielle Risiken und Nachteile außer Acht gelassen werden.

Unkontrollierte Macht der Führungskraft: Die Verehrung von Führungskräften kann dazu führen, dass die Führungskraft innerhalb der Organisation unkontrollierte Macht hat. Da ihre Ideen und Entscheidungen kaum angefochten werden, können solche Führungskräfte ohne die notwendigen Kontrollen und Gegengewichte agieren. Diese unkontrollierte Macht kann zu Entscheidungen führen, die eher den Interessen der Führungskraft als denen der Organisation oder ihrer Interessengruppen dienen. Sie kann auch den Weg für ethische Verfehlungen ebnen, da sich die Führungskraft ermutigt fühlen kann, zu handeln, ohne die moralischen oder rechtlichen Implikationen ihres Handelns zu bedenken.

Risiko von Fehlentscheidungen: In einem Umfeld, in dem die Entscheidungen einer Führungskraft nicht rigoros hinterfragt oder bewertet werden, besteht ein erhöhtes Risiko von Fehlentscheidungen. Ohne unterschiedliche Perspektiven und kritische Bewertung können Entscheidungen auf unvollständigen Informationen oder den persönlichen Vorurteilen der Führungskraft beruhen.

Abhängigkeiten und Nachfolgeprobleme: Organisationen, die sich zu sehr auf eine einzige Führungskraft verlassen, haben möglicherweise Probleme, bei den anderen Mitgliedern der Organisation unabhängige Führungsqualitäten zu entwickeln. Diese Abhängigkeit kann zu erheblichen Problemen führen, wenn die Führungskraft ausscheidet oder nicht in der Lage ist, ihre Rolle zu erfüllen, was zu Nachfolgeproblemen und organisatorischer Instabilität führt.

Auswirkungen auf die Moral und das Engagement der Mitarbeiter: Eine Kultur der Verehrung von Führungskräften kann Mitarbeiter demoralisieren, die das Gefühl haben, dass ihre Beiträge unterbewertet werden oder dass ihre Stimme nicht gehört wird. Dies kann zu einem geringeren Engagement der Mitarbeiter, einer geringeren Arbeitszufriedenheit und einer höheren Fluktuation führen.

Um diese Risiken zu mindern, ist die Förderung einer Kultur der Offenheit, in der unterschiedliche Perspektiven geschätzt und kritisches Denken gefördert werden, von entscheidender Bedeutung. Die Entwicklung einer starken zweiten Führungsebene und die Gewährleistung integrativer und demokratischer Entscheidungsprozesse können dazu beitragen, die mit der Verehrung von Führungskräften verbundenen Risiken zu verringern. Die Führungskräfte selbst müssen sich ihrer selbst bewusst sein und aktiv einer Kultur der Abhängigkeit von ihrer Person entgegenwirken, indem sie eine Kultur der gemeinsamen Führung und Verantwortung fördern. In den folgenden Abschnitten werden wir uns eingehender damit befassen, wie man eine Kultur der Verehrung von Führungskräften verhindern kann. Zunächst wollen wir einige Beispiele vorstellen.

Die Untersuchung historischer und aktueller Beispiele für die Verehrung von Führungspersönlichkeiten ermöglicht es uns, ihre Auswirkungen auf Organisationen und Gesellschaften zu verstehen. Diese Beispiele erstrecken sich über verschiedene Kontexte, von Unternehmensumgebungen bis hin zu politischen Regimen, und zeigen die möglichen Folgen dieses Phänomens auf.

Enron und Kenneth Lay

Enron unter CEO Kenneth Lay ist ein Paradebeispiel für die Anbetung von Führungskräften in einem Unternehmen. Lay wurde innerhalb von Enron verehrt, und sein Führungsstil förderte eine Kultur, in der abweichende Meinungen unterdrückt wurden. Dieses Umfeld trug zu unethischen Praktiken bei, die schließlich zum Zusammenbruch des Unternehmens in einem der größten

Konkursfälle in der Geschichte der USA führten. Der Enron-Skandal veranschaulicht, wie die Verehrung von Führungskräften zu einem Mangel an Rechenschaftspflicht und ethischer Aufsicht beitragen kann.

Personenkult in der Sowjetunion

Joseph Stalins Regime in der Sowjetunion ist ein Beispiel für Führerkult in einem politischen Kontext. Stalins Personenkult, der sich durch intensive Verehrung und nahezu absolute Autorität auszeichnete, führte zu erheblichen sozialen und politischen Auswirkungen, darunter weit verbreitete Angst, Unterdrückung abweichender Meinungen und tragische Menschenrechtsverletzungen. Die Stalin-Ära zeigt, wie die Verehrung eines Führers zu unkontrollierter Macht und katastrophalen politischen Entscheidungen führen kann.

Apple und Steve Jobs

Steve Jobs, Mitbegründer und ehemaliger CEO von Apple, wurde oft als visionäre Führungspersönlichkeit angesehen, und sein Führungsstil rief große Loyalität und Bewunderung hervor. Diese Verehrung schuf jedoch auch eine Kultur, in der Jobs' Entscheidungen intern nur selten in Frage gestellt wurden, was zu Bedenken führte, was mit Apples Innovation und Erfolg nach seinem Ausscheiden geschehen würde. Die Nach-Jobs-Ära bei Apple war ein Test dafür, wie gut ein Unternehmen seinen Schwung nach dem Verlust einer charismatischen Führungspersönlichkeit aufrechterhalten kann.

Tesla und Elon Musk

Elon Musk, CEO von Tesla, ist ein modernes Beispiel für die Verehrung von Führungskräften. Musks öffentliche Persona als innovative und unkonventionelle Führungspersönlichkeit hat eine große Anhängerschaft gewonnen. Seine Handlungen und Äußerungen haben jedoch oft direkte Auswirkungen auf die öffentliche Wahrnehmung des Unternehmens und die Aktienkurse. Diese Dynamik veranschaulicht die Risiken, die mit der engen Bindung eines Unternehmens an die Identität und die Handlungen einer einzelnen Person verbunden sind.

In diesen Beispielen hat die Verehrung von Führungspersönlichkeiten unterschiedliche Auswirkungen, von der Förderung von Innovation und starker Loyalität bis hin zur Förderung von Umgebungen, in denen unethisches Verhalten unkontrolliert bleibt und zu katastrophalen gesellschaftlichen Auswirkungen führt. Sie unterstreichen, wie wichtig es ist, für Kontrolle und Ausgleich zu sorgen, einen offenen Dialog und Dissens zu fördern und sicherzustellen, dass die Bewunderung für eine Führungspersönlichkeit nicht die Notwendigkeit von Rechenschaftspflicht und ethischer Führung überschattet.

Um die Entwicklung einer Kultur der Verehrung von Führungskräften in Organisationen zu verhindern, bedarf es gezielter Strategien und Maßnahmen sowohl seitens der Führungskräfte als auch der Organisation als Ganzes. Dieser Ansatz ist entscheidend für die Förderung einer gesunden, ausgewogenen und nachhaltigen Organisationskultur.

1. Förderung einer Kultur der Offenheit und Einbeziehung: Fördern Sie ein Umfeld, in dem unterschiedliche Meinungen geschätzt werden und in dem sich die Mitarbeiter sicher fühlen, abweichende Meinungen zu äußern. Dies kann durch regelmäßige offene Foren, anonyme Feedback-Mechanismen und eine echte Offenheit für unterschiedliche Perspektiven erreicht werden.

2. Bescheidenheit in der Führung: Führungskräfte sollten Bescheidenheit und Selbsterkenntnis an den Tag legen und ihre eigenen Grenzen sowie den Wert der Beiträge anderer anerkennen. Sie sollten alle Versuche anderer, sie auf ein Podest zu stellen, aktiv entmutigen und stattdessen die Bedeutung von Teamarbeit und kollektiven Anstrengungen betonen.

3. Dezentralisierung der Entscheidungsfindung: Vermeiden Sie es, die Entscheidungsgewalt in den Händen einer einzigen

Führungskraft zu konzentrieren. Verfolgen Sie stattdessen einen dezentraleren Ansatz, bei dem Entscheidungen gemeinsam getroffen werden und mehrere Interessengruppen und Ebenen der Organisation einbezogen werden.

4. Fördern Sie eine Kultur der Verantwortlichkeit: Führen Sie klare Mechanismen der Rechenschaftspflicht ein, die für alle gelten, auch für die oberste Führungsebene. Überprüfen Sie regelmäßig Entscheidungen und Handlungen auf ethische und strategische Ausrichtung und stellen Sie sicher, dass die Führungskräfte für ihre Handlungen zur Rechenschaft gezogen werden.

5. Entwicklung starker Führungskräfte der zweiten Ebene: Investieren Sie in Programme zur Entwicklung von Führungskräften, um eine starke Pipeline an zukünftigen Führungskräften aufzubauen. Dies trägt dazu bei, die Abhängigkeit von einer einzelnen Führungskraft zu verringern und sorgt für Kontinuität und Stabilität.

6. Transparente Kommunikation: Pflegen Sie eine transparente Kommunikation über organisatorische Strategien, Entscheidungen und Herausforderungen. Diese Transparenz trägt zur Vertrauensbildung bei und verhindert, dass ein unfehlbares Bild der Führung entsteht.

7. Ethische Führungsschulung: Schulung über ethische Führung und die Gefahren der Führerverehrung. Diese Schulung sollte die Bedeutung ethischer Entscheidungsfindung und die mit zentralisierter Macht verbundenen Risiken hervorheben.

8. Ethisches Verhalten vorleben und belohnen: Führungskräfte sollten ethisches Verhalten in ihren Handlungen und Entscheidungen vorleben. Außerdem sollten Unternehmen Mitarbeiter, die ethisches Verhalten und kritisches Denken an den Tag legen, belohnen und anerkennen.

9. Regelmäßige Gesundheitschecks der Organisation: Führen Sie regelmäßige Bewertungen der Unternehmenskultur durch, um

frühe Anzeichen für die Verehrung von Führungskräften zu erkennen. Nutzen Sie Umfragen, Interviews und Fokusgruppen, um die Stimmung der Mitarbeiter und die Gesundheit der Organisation zu beurteilen.

10. Nachfolgeplanung: Führen Sie einen soliden Nachfolgeplanungsprozess ein, der die Kontinuität der Organisation über eine einzelne Führungskraft hinaus betont. Diese Planung sollte die Bedeutung einer vielfältigen Führung und den Wert verschiedener Führungsstile hervorheben.

Durch die Umsetzung dieser Strategien können Führungskräfte und Organisationen die Entwicklung einer Kultur der Führerverehrung verhindern und stattdessen eine gesunde, ausgewogene und ethisch einwandfreie Organisationskultur fördern.

Führungskräfte, die ihre Vision durchsetzen und gleichzeitig eine Kultur der Zusammenarbeit und gemeinsamen Führung fördern wollen, müssen die Kunst beherrschen, ein Gleichgewicht zwischen starker Führung und umfassender Beteiligung herzustellen. Dies erfordert einen differenzierten Ansatz in Bezug auf Führung und Organisationsdynamik.

Zur Durchsetzung einer Vision gehört es, die strategische Ausrichtung der Organisation klar zu formulieren und sicherzustellen, dass sie überzeugend und klar definiert ist und mit den Werten und Zielen der Organisation übereinstimmt. Eine wirksame Kommunikation dieser Vision über verschiedene Kanäle ist entscheidend, um sicherzustellen, dass sie bei den verschiedenen Interessengruppen ankommt.

Führungskräfte müssen nicht nur ihre Vision verkünden, sondern auch die Teammitglieder in die Entwicklung und Verfeinerung dieser Vision einbeziehen. Indem dieser Prozess partizipativ gestaltet wird, wird die Vision zu einem kollektiven Bestreben, das durch unterschiedliche Perspektiven bereichert wird. Die Befähigung der Teammitglieder ist auch der Schlüssel zur Förderung einer gemeinsamen Führung. Führungskräfte sollten

Befugnisse delegieren und den Teammitgliedern die notwendigen Ressourcen und Autonomie zur Verfügung stellen, um ein Gefühl der Eigenverantwortung und Rechenschaftspflicht zu schaffen.

Das Vorleben von kooperativem Verhalten ist unerlässlich. Führungskräfte sollten anderen aktiv zuhören, unterschiedliche Meinungen wertschätzen und die Bereitschaft zeigen, ihre Ideen auf der Grundlage neuer Erkenntnisse anzupassen. Die Schaffung einer Kultur des Vertrauens und des gegenseitigen Respekts ist von grundlegender Bedeutung, um ein Umfeld zu schaffen, in dem sich die Teammitglieder sicher fühlen, ihre Ideen zu äußern, Risiken einzugehen und sich an der Entscheidungsfindung zu beteiligen.

Offene und effektive Kommunikation ist ein Eckpfeiler einer Kultur der Zusammenarbeit. Führungskräfte sollten transparente Kommunikationskanäle schaffen und den Dialog zwischen den verschiedenen Ebenen der Organisation fördern. Die Anerkennung und Würdigung gemeinsamer Anstrengungen stärkt den Wert gemeinsamer Führung, sei es durch öffentliche Anerkennung, Belohnungen oder verbale Wertschätzung.

Es ist auch wichtig, Möglichkeiten für die Entwicklung von Führungskräften zu bieten. Die Entwicklung des Führungspotenzials innerhalb des Teams durch Schulungen, Mentorenschaft und Wachstumsmöglichkeiten trägt dazu bei, einen Pool künftiger Führungskräfte zu kultivieren, die die Vision und die Werte der Organisation weiterführen können.

Die Führungskräfte sollten zwar Anleitung und Orientierung geben, aber auch flexibel bleiben, wenn es darum geht, wie die Vision erreicht wird. Wenn sie den Teams erlauben, ihre eigenen Wege zur Erreichung der gemeinsamen Ziele zu finden, kann das Innovation und Engagement fördern. Die kontinuierliche Einholung und Bereitstellung von Feedback sowohl zur Vision als auch zu den Kooperationsprozessen ist von entscheidender Bedeutung. Die Führungskräfte sollten bereit sein, auf der Grundlage dieses Feedbacks Anpassungen vorzunehmen, um sicherzustellen, dass ihr Ansatz effektiv und relevant bleibt.

Indem sie die Teammitglieder in die Visionsentwicklung einbeziehen, sie befähigen, kollaboratives Verhalten vorleben, Vertrauen und Respekt schaffen, die Kommunikation erleichtern, kollaborative Bemühungen anerkennen, das Führungspotenzial entwickeln, ein Gleichgewicht zwischen Führung und Flexibilität herstellen und offen für Feedback und Anpassungen sein, können Führungskräfte ihre Vision effektiv durchsetzen und gleichzeitig eine Kultur der Zusammenarbeit und gemeinsamen Führung fördern. Dieser Ansatz trägt dazu bei, die Ziele der Organisation zu erreichen und gleichzeitig ein starkes, kooperatives und widerstandsfähiges Team aufzubauen.

In Organisationen, in denen die Verehrung von Führungskräften weit verbreitet ist, kann die Bedeutung der Nachfolgeplanung nicht hoch genug eingeschätzt werden. Die Verehrung von Führungspersönlichkeiten führt zu einem Szenario, in dem sich die Organisation übermäßig auf eine einzige Person konzentriert, was zu einer fragilen Struktur führt, die stark von der Präsenz und den Entscheidungen dieser Führungspersönlichkeit abhängig ist. Diese Abhängigkeit birgt erhebliche Risiken, insbesondere im Hinblick auf Kontinuität und Stabilität, so dass eine Nachfolgeplanung unerlässlich ist.

Eine klare Nachfolgeplanung ist in einem solchen Umfeld entscheidend, um die Risiken eines Führungsvakuums zu mindern. Wenn eine Organisation zu sehr von einer Führungskraft abhängig ist, kann deren Ausscheiden eine große Lücke hinterlassen. Eine angemessene Nachfolgeplanung stellt sicher, dass qualifizierte Personen bereit sind, in die Führungsrolle zu schlüpfen, um die Kontinuität im Management und in der Entscheidungsfindung aufrechtzuerhalten, die für das reibungslose Funktionieren der Organisation unerlässlich ist.

Eine wirksame Nachfolgeplanung fördert auch die Widerstandsfähigkeit der Organisation. Sie bereitet die Organisation darauf vor, Führungswechsel reibungslos zu bewältigen und stellt sicher, dass diese Veränderungen weder den Betrieb noch die strategische Ausrichtung stören. Dies ist besonders wichtig in führungszentrierten Kulturen, in denen die

Organisation möglicherweise nicht an Veränderungen an der Spitze gewöhnt ist. Außerdem wird dadurch die Entwicklung einer breiteren Führungsbasis innerhalb der Organisation gefördert. Die Identifizierung und Förderung potenzieller Führungskräfte verringert die Abhängigkeit von einer einzelnen Person und fördert eine vielfältigere und robustere Führungsstruktur. Dieser Ansatz wendet sich gegen den Begriff der Anbetung von Führungskräften, indem er den Wert kollektiver Führung hervorhebt, anstatt sich auf eine zentrale Figur zu verlassen.

Eine gut geplante Nachfolgestrategie kann auch den Übergang für Mitarbeiter und andere Interessengruppen erleichtern. In Kontexten, in denen viel Wert auf eine einzelne Führungskraft gelegt wird, gibt sie die Gewissheit, dass die Organisation auf zukünftige Veränderungen vorbereitet ist und einen klaren Plan hat.

Ein weiterer entscheidender Aspekt der Nachfolgeplanung in diesem Zusammenhang ist die Ausrichtung potenzieller Führungskräfte nicht nur auf die Vision der derzeitigen Führungskraft, sondern auch auf die langfristigen Ziele und Werte der Organisation. Diese Abstimmung stellt sicher, dass Führungswechsel die übergeordneten Ziele der Organisation unterstützen und nicht nur das Erbe der scheidenden Führungskraft fortführen.

Ein geplanter und strategischer Ansatz für die Nachfolge trägt dazu bei, die mit Führungswechseln oft verbundenen Störungen zu verringern. Dies ist besonders wichtig in Kulturen, in denen Führungskräfte verehrt werden und in denen Veränderungen beunruhigend sein können.

Die Nachfolgeplanung ist in Organisationen, in denen es viele Führungskräfte gibt, von entscheidender Bedeutung. Sie gewährleistet Kontinuität und Widerstandsfähigkeit, unterstützt die Entwicklung vielfältiger Führungspersönlichkeiten, erleichtert Übergänge, stimmt Führungswechsel mit den Unternehmenszielen ab und minimiert Unterbrechungen bei

Führungswechseln. Indem sie der Nachfolgeplanung Priorität einräumen, können Organisationen zu einem nachhaltigeren und kollektiveren Führungsmodell übergehen und so die Risiken verringern, die mit der übermäßigen Abhängigkeit von einer einzelnen Führungskraft verbunden sind.

Kapitel 7: Nachfolge und Erbe

Die Bedeutung einer effektiven Nachfolgeplanung ist für jede Organisation, die Kontinuität und Stabilität anstrebt, von entscheidender Bedeutung - ein Thema, das vor allem im Lichte der Diskussionen in den vorangegangenen Kapiteln stark anklingt. Bei der Nachfolgeplanung geht es nicht nur darum, Führungskräfte zu ersetzen, wenn sie ausscheiden, sondern es handelt sich um einen strategischen Prozess, der die langfristige Gesundheit und Nachhaltigkeit der Organisation sicherstellt.

Im Zusammenhang mit den in den vorangegangenen Kapiteln untersuchten Themen, darunter ethische Dilemmata, die Auswirkungen der Verehrung von Führungskräften und das Gleichgewicht zwischen der öffentlichen Persona einer Führungskraft und authentischer Führung, wird die Bedeutung der Nachfolgeplanung noch deutlicher.

Die Nachfolgeplanung ist aus mehreren Gründen wichtig:

1. Gewährleistung von Kontinuität: Sie bietet einen Fahrplan für die Kontinuität in der Führung, die für die Aufrechterhaltung der Dynamik laufender Projekte und strategischer Initiativen entscheidend ist. Diese Kontinuität ist besonders wichtig in Situationen, in denen Organisationen mit ethischen Herausforderungen konfrontiert sind oder sich von einer Kultur der Verehrung von Führungskräften abwenden.

2. Bewahrt organisatorisches Wissen: Die Nachfolgeplanung trägt dazu bei, das Wissen und die Erfahrung der Organisation zu erhalten. Sie stellt sicher, dass das Wissen und die Erfahrung der scheidenden Führungskräfte weitergegeben werden und das intellektuelle Kapital der Organisation erhalten bleibt.

3. Bereitet auf unerwartete Veränderungen vor: Unternehmen können aus verschiedenen Gründen mit plötzlichen

Veränderungen konfrontiert werden, z. B. durch gesundheitliche Probleme, Rücktritte oder Marktveränderungen. Eine wirksame Nachfolgeplanung bereitet die Organisation auf diese unerwarteten Szenarien vor und verringert so mögliche Störungen.

4. Fördert die Stabilität: Vor allem in Organisationen, die einen intensiven Führungswechsel erlebt haben, kann die Nachfolgeplanung die Stabilität fördern, indem sie sicherstellt, dass Führungswechsel nicht zu einem Machtvakuum führen oder die Organisationskultur und den Betrieb stören.

5. Anpassung der Führung an sich entwickelnde Ziele: Wenn sich Organisationen weiterentwickeln, können sich ihre Ziele und Strategien ändern. Die Nachfolgeplanung ermöglicht die Anpassung der Führungsfähigkeiten und -stile an diese sich entwickelnden Ziele und stellt sicher, dass die neuen Führungskräfte gut gerüstet sind, um das Unternehmen voranzubringen.

6. Erleichtert einen reibungslosen Übergang: Ein gut geplanter Nachfolgeprozess erleichtert einen reibungslosen Übergang, indem er potenzielle Führungskräfte im Voraus durch Schulungen, Mentoring und die schrittweise Übernahme von Verantwortlichkeiten vorbereitet.

7. Fördert die Vielfalt in der Führung: Durch eine durchdachte Nachfolgeplanung können sich Unternehmen darauf konzentrieren, verschiedene Perspektiven in Führungspositionen einzubringen, was für innovatives Denken und reflektierte Entscheidungsfindung entscheidend sein kann.

8. Verbessert die Arbeitsmoral und die berufliche Entwicklung: Es sendet eine positive Botschaft an die Mitarbeiter über die beruflichen Entwicklungsmöglichkeiten innerhalb des Unternehmens, was die Arbeitsmoral und die Motivation steigert.

Eine wirksame Nachfolgeplanung ist eine strategische Notwendigkeit für Unternehmen. Sie gewährleistet Kontinuität und Stabilität, bewahrt das Wissen der Organisation, bereitet auf unerwartete Veränderungen vor, fördert die Stabilität, richtet die Führung auf die sich entwickelnden Ziele aus, erleichtert reibungslose Übergänge, fördert die Vielfalt in der Führung und verbessert die Mitarbeitermoral. Vor allem im Zusammenhang mit ethischer Führung und den Herausforderungen, die mit der Verehrung von Führungskräften verbunden sind, wird die Nachfolgeplanung zu einem unverzichtbaren Instrument für die Erhaltung der Gesundheit und des Erfolgs einer Organisation.

Die Identifizierung von Personen, die das Potenzial haben, in Führungspositionen erfolgreich zu sein, ist ein vielschichtiger Prozess, der über die aktuellen Leistungskennzahlen hinausgeht und eine umfassendere Bewertung der Fähigkeiten, Eigenschaften und der Übereinstimmung mit den Unternehmenswerten beinhaltet.

Der Schlüssel zu diesem Prozess ist die Bewertung von Führungskompetenzen und -fähigkeiten. Angehende Führungskräfte sollten nachweisen, dass sie in der Lage sind, andere zu inspirieren und zu motivieren, effektive Entscheidungen zu treffen, strategisch zu denken und komplexe Herausforderungen zu meistern. Ebenso wichtig ist ihre Übereinstimmung mit den Werten und der Kultur des Unternehmens, um sicherzustellen, dass sie das Ethos fördern und ein positives Arbeitsumfeld aufrechterhalten können.

Emotionale Intelligenz ist eine entscheidende Eigenschaft, die Selbstbewusstsein, Einfühlungsvermögen und die Fähigkeit, die Emotionen anderer zu beeinflussen, umfasst. Anpassungsfähigkeit und Lernfähigkeit sind ebenfalls von entscheidender Bedeutung; suchen Sie nach Personen, die flexibel und offen für neue Ideen sind und an ihren Erfahrungen wachsen können. Effektive Kommunikationsfähigkeiten sind unerlässlich, da Führungskräfte innerhalb des Unternehmens und nach außen hin klar und überzeugend kommunizieren müssen.

Eine strategische Vision ist eine weitere Schlüsseleigenschaft. Potenzielle Führungskräfte sollten in der Lage sein, sich zukünftige Möglichkeiten vorzustellen und diese in umsetzbare Strategien zu übersetzen, langfristig zu denken und die Organisation auf ihre Ziele hinzuführen. Ethisches Urteilsvermögen und Integrität sind nicht verhandelbar; Führungskräfte sollten sich konsequent zu ethischem Verhalten und ethischer Entscheidungsfindung bekennen.

Ein weiterer wichtiger Aspekt ist die Fähigkeit, Teams effektiv aufzubauen, zu verwalten und zu führen. Dazu gehören die Förderung der Zusammenarbeit, das Konfliktmanagement und die Entwicklung von Teammitgliedern. Eine nachweisliche Erfolgsbilanz und ein positiver Beitrag zu den Zielen des Unternehmens sind ein praktischer Indikator für Führungspotenzial.

Auch Belastbarkeit und Durchhaltevermögen sind wichtig, da eine Führungsposition oft mit Rückschlägen und Herausforderungen verbunden ist. Beurteilen Sie nicht nur, wo die Person derzeit steht, sondern auch ihr Wachstumspotenzial und ihre Fähigkeit, sich weiterzuentwickeln und die Herausforderungen einer Führungsrolle anzunehmen. Berücksichtigen Sie Personen, die von einem Mentor betreut wurden oder Entwicklungserfahrungen gemacht haben, die sie auf eine Führungsposition vorbereiten, einschließlich der Erfahrung mit verschiedenen Rollen, Herausforderungen und Ausbildungsmöglichkeiten.

Die Identifizierung potenzieller Führungskräfte beinhaltet eine umfassende Bewertung einer Reihe von Attributen: Führungsqualitäten, kulturelle Ausrichtung, emotionale Intelligenz, Anpassungsfähigkeit, Kommunikation, strategische Vision, ethische Grundsätze, Kooperationsfähigkeit, Erfolgsbilanz, Belastbarkeit, Wachstumspotenzial und Entwicklungserfahrung. Dieser umfassende Ansatz gewährleistet, dass die ausgewählten Personen gut gerüstet sind, um das Unternehmen in die Zukunft zu führen.

Die Vorbereitung identifizierter Nachfolger auf Führungsaufgaben ist ein entscheidender Prozess, der eine Kombination aus Mentoring, Schulung und der Bereitstellung von Wachstumsmöglichkeiten umfasst. Diese Vorbereitung stellt sicher, dass sie, wenn es an der Zeit ist, in ihre Rolle zu schlüpfen, mit den notwendigen Fähigkeiten, Kenntnissen und Erfahrungen ausgestattet sind.

1. Mentoring: Mentoring ist ein wirksames Instrument für die Entwicklung künftiger Führungskräfte. Die Zuweisung eines Mentors, idealerweise eine erfahrene Führungskraft innerhalb der Organisation, kann den Nachfolgern Anleitung, Ratschläge und Einblicke in die Feinheiten einer effektiven Führung geben. Durch Mentoring können die Nachfolger von den Erfahrungen und Fehlern der derzeitigen Führungskräfte lernen, neue Perspektiven gewinnen und Fähigkeiten zum kritischen Denken und zur Entscheidungsfindung entwickeln.

2. Ausbildungsprogramme: Das Angebot umfassender Schulungsprogramme, die auf die Bedürfnisse künftiger Führungskräfte zugeschnitten sind, ist unerlässlich. Diese Programme sollten verschiedene Aspekte der Führung abdecken, darunter strategische Planung, finanzieller Scharfsinn, Mitarbeiterführung, Konfliktlösung und ethische Entscheidungsfindung. Die Schulungen können sich auch auf spezifische Bereiche konzentrieren, die für die künftige Ausrichtung der Organisation und die besonderen Herausforderungen, denen sie sich stellen muss, relevant sind.

3. Wachstumschancen bieten: Es ist von entscheidender Bedeutung, den Nachfolgern die Möglichkeit zu geben, sich zu entwickeln und zu wachsen. Dazu kann es gehören, sie mit der Leitung anspruchsvoller Projekte zu betrauen, sie in strategische Planungssitzungen einzubeziehen und ihnen Einblicke in verschiedene Bereiche des Unternehmens zu geben. Diese Erfahrungen ermöglichen es ihnen, ihre Fähigkeiten in realen Situationen anzuwenden, aus diesen Erfahrungen zu lernen und Vertrauen in ihre Fähigkeiten aufzubauen.

4. Funktionsübergreifende Erfahrungen: Wenn die Nachfolger verschiedene Funktionen und Bereiche des Unternehmens kennen lernen, wird ihr Verständnis erweitert und sie werden auf die vielfältigen Aufgaben einer Führungskraft vorbereitet. Dieses Engagement kann Rotationen in verschiedenen Abteilungen, die Teilnahme an funktionsübergreifenden Teams oder die Beteiligung an organisationsweiten Initiativen umfassen.

5. Feedback und Bewertung: Regelmäßiges Feedback und Leistungsbewertungen sind für Nachfolger wichtig, um ihre Stärken und verbesserungswürdigen Bereiche zu erkennen. Konstruktives Feedback hilft ihnen bei der Feinabstimmung ihres Führungsstils und ihrer Vorgehensweise.

6. Vernetzungsmöglichkeiten: Die Ermutigung von Nachfolgern, ein Netzwerk innerhalb und außerhalb des Unternehmens aufzubauen, kann ihnen zusätzliche Lernmöglichkeiten, unterschiedliche Perspektiven und Unterstützungssysteme bieten. Die Vernetzung kann durch Branchenkonferenzen, Berufsverbände und interne Networking-Veranstaltungen gefördert werden.

7. Nachfolgespezifische Schulung: Zusätzlich zur allgemeinen Schulung von Führungskräften kann es von Vorteil sein, Schulungen anzubieten, die speziell auf die Nachfolgeplanung ausgerichtet sind. Dazu gehören das Verständnis des Übergangsprozesses, die Bewältigung des Rollenwechsels und das Erlernen des Umgangs mit dem Erbe.

8. Möglichkeiten zur Führung: Schließlich ist es von entscheidender Bedeutung, den Nachfolgern die Möglichkeit zu geben, ihre Führungsqualitäten unter Beweis zu stellen und auszubauen. Dies kann in Form der Leitung kleinerer Teams, der Leitung einer Abteilung oder der Anführung einer neuen Initiative geschehen.

Die Vorbereitung von Nachfolgern auf Führungsaufgaben erfordert eine umfassende Strategie, die Mentoring, maßgeschneiderte Schulungsprogramme, Wachstumschancen durch herausfordernde Projekte und funktionsübergreifende Aufgaben, regelmäßiges Feedback, Networking-Möglichkeiten, nachfolgespezifische Schulungen und die Bereitstellung echter Führungsmöglichkeiten umfasst. Dieser ganzheitliche Ansatz stellt sicher, dass die Nachfolger nicht nur in Bezug auf ihre Fähigkeiten und Kenntnisse vorbereitet werden, sondern auch selbstbewusst und bereit sind, Führungsaufgaben effektiv zu übernehmen.

Interne Politik, ein gängiger Aspekt der Unternehmensdynamik, kann Nachfolgeentscheidungen erheblich beeinflussen und verschiedene Herausforderungen mit sich bringen. Diese Herausforderungen ergeben sich aus Faktoren wie persönlichen Ambitionen, Allianzen, Machtstrukturen und kulturellen Normen innerhalb der Organisation, und für eine effektive Nachfolgeplanung ist es wichtig zu verstehen, wie man damit umgeht.

Eine der größten Herausforderungen der internen Politik ist das Risiko der Bevorzugung oder Voreingenommenheit bei der Auswahl von Nachfolgern. Oft werden Personen aufgrund ihrer Beziehungen oder Allianzen mit den derzeitigen Führungskräften und nicht aufgrund ihrer Kompetenz oder ihres Führungspotenzials bevorzugt. Darüber hinaus können Interessenkonflikte die Nachfolgeentscheidungen erschweren, da die Entscheidungsträger persönlichen oder parteipolitischen Interessen Vorrang vor dem Besten für das Unternehmen einräumen könnten, was möglicherweise zur Auswahl weniger fähiger, aber besser vernetzter Kandidaten führt.

Widerstand gegen Veränderungen ist eine weitere Erscheinungsform interner Politik, insbesondere von Seiten derjenigen, die sich von potenziellen Nachfolgern bedroht fühlen könnten. Dieser Widerstand kann die Akzeptanz und Unterstützung der neuen Führungskräfte behindern und sich auf ihre Effektivität und den Übergangsprozess der Organisation auswirken. Darüber hinaus kann der Nachfolgeprozess Machtkämpfe innerhalb der Organisation auslösen, wenn verschiedene Personen oder Gruppen um Einfluss ringen, was zu Spaltungen führt und die Stabilität und Moral der Organisation beeinträchtigt.

Mangelnde Transparenz geht oft mit interner Politik bei der Nachfolgeplanung einher. Entscheidungen können hinter verschlossenen Türen getroffen werden, was zu Spekulationen, Gerüchten und einem allgemeinen Mangel an Vertrauen in den Prozess führt.

Um den Einfluss der internen Politik abzuschwächen, ist es wichtig, klare, formalisierte Nachfolgeregelungen festzulegen, die die Kriterien und Verfahren für die Auswahl von Nachfolgern umreißen. Dies gewährleistet Transparenz und Fairness im Prozess. Die Einbeziehung einer vielfältigen Gruppe von Interessengruppen in die Nachfolgeplanung kann eine breitere Perspektive bieten und die Auswirkungen individueller Voreingenommenheit oder politischer Agenden verringern. Der Einsatz objektiver Instrumente wie Leistungskennzahlen, Führungsbeurteilungen und Kompetenzmodelle kann dabei helfen, faktenbasierte, unparteiische Entscheidungen zu treffen. Eine transparente Kommunikation über den Nachfolgeprozess, die Kriterien und die Entscheidungen ist ebenfalls wichtig, um Vertrauen zwischen den Beteiligten aufzubauen und Spekulationen und Gerüchten entgegenzuwirken.

Investitionen in Programme zur Entwicklung von Führungskräften können dazu beitragen, potenzielle Führungskräfte auf der Grundlage ihrer Verdienste und ihres Potenzials und nicht aufgrund politischer Erwägungen zu ermitteln und zu fördern. Die Hinzuziehung externer Berater kann eine unparteiische Perspektive bieten und dabei helfen, den Nachfolgeprozess objektiv zu steuern. Wenn die interne Politik tief verwurzelt ist, sind möglicherweise umfassendere Initiativen zum kulturellen Wandel erforderlich. Diese sollten darauf abzielen, eine Kultur der Zusammenarbeit, Transparenz und Leistungsorientierung zu fördern.

Um die Herausforderungen der internen Politik bei der Nachfolgeplanung zu meistern, bedarf es einer Kombination aus klaren Richtlinien, einer integrativen und objektiven Entscheidungsfindung, einer transparenten Kommunikation, der Entwicklung von Führungskräften, externer Beratung und Initiativen zum kulturellen Wandel. Indem sie sich mit dem Einfluss der internen Politik auseinandersetzen, können Organisationen sicherstellen, dass ihre Nachfolgeplanung fair, transparent und effektiv ist und die langfristige Gesundheit und Stabilität der Organisation unterstützt.

Klare Kommunikation ist von grundlegender Bedeutung für die Nachfolgeplanung und das Management von Erwartungen innerhalb einer Organisation. Ihre Rolle ist vielschichtig: Sie sorgt für Transparenz, Verständnis und Akzeptanz des Nachfolgeprozesses auf allen Ebenen des Unternehmens, was für einen reibungslosen Übergang und die Aufrechterhaltung der Stabilität entscheidend ist.

Eine wirksame Kommunikation bei der Nachfolgeplanung beginnt mit Transparenz. Die Organisation muss ihre Nachfolgepläne, einschließlich der Kriterien für die Auswahl und des Verfahrens, offen darlegen. Diese Offenheit schafft Vertrauen bei Mitarbeitern und Interessengruppen und zeigt, dass der Prozess fair und gründlich durchdacht ist.

Ein weiterer wichtiger Aspekt ist die Festlegung realistischer Erwartungen. Durch klare Kommunikation sollten Unternehmen die Ziele und erwarteten Ergebnisse der Nachfolgeplanung erläutern. Mitarbeiter und Stakeholder müssen die Gründe für die Entscheidungen verstehen und wissen, wie diese mit den langfristigen Zielen des Unternehmens in Einklang stehen. Diese Klarheit trägt dazu bei, Verwirrung und potenziellen Widerstand gegen Führungswechsel zu verringern.

Die dynamische Natur der Nachfolgeplanung, die häufig Anpassungen unterliegt, erfordert regelmäßige Aktualisierungen. Es ist wichtig, alle Beteiligten über Änderungen, Fortschritte bei der Entwicklung potenzieller Nachfolger oder Aktualisierungen des Zeitplans für die Nachfolgeplanung zu informieren, um eine Atmosphäre der Einbeziehung und Transparenz zu schaffen. Auch die Vorbereitung der Organisation auf den Führungswechsel ist von entscheidender Bedeutung. Zu einer klaren Kommunikation gehört nicht nur, dass die Mitarbeiter über bevorstehende Veränderungen informiert werden, sondern auch, dass sie über die Notwendigkeit und die Vorteile dieser Veränderungen aufgeklärt werden.

Sobald die Nachfolger feststehen, ist es wichtig, ihnen ihre neuen Aufgaben, Verantwortlichkeiten und die Unterstützung, die sie erhalten werden, klar zu vermitteln. Diese Informationen tragen dazu bei, dass sich die neuen Führungskräfte reibungslos in ihre Aufgaben einfügen und die für den Erfolg erforderliche Unterstützung erhalten. Eine wirksame Kommunikation sollte in diesem Zusammenhang in beide Richtungen erfolgen. Durch die Ermutigung zum Feedback und zum Dialog mit den Mitarbeitern erhält das Unternehmen Einblicke in deren Sichtweisen und Bedenken, die für die Feinabstimmung des Nachfolgeplans von unschätzbarem Wert sein können.

Offene Kommunikationskanäle sind notwendig, um alle Bedenken und Fragen der Mitarbeiter bezüglich des Nachfolgeprozesses zu klären. Dies ist wichtig, um Ängste abzubauen und Gerüchte zu zerstreuen, die in Zeiten des Übergangs entstehen könnten.

Eine klare Kommunikation spielt in jeder Phase der Nachfolgeplanung eine entscheidende Rolle. Sie sorgt für Transparenz, legt realistische Erwartungen fest, hält die Beteiligten auf dem Laufenden, bereitet die Organisation auf den Führungswechsel vor, unterstützt neue Führungskräfte, ermutigt zu Feedback und geht auf Bedenken ein. Durch eine effektive Kommunikation über die Nachfolgeplanung können Unternehmen Erwartungen steuern, ein unterstützendes Umfeld fördern und einen nahtlosen Führungswechsel gewährleisten.

Was die erfolgreiche Nachfolgeplanung betrifft, so ist der Übergang von Apple Inc. nach Steve Jobs ein bemerkenswertes

Beispiel. Tim Cook, zuvor Chief Operating Officer von Apple, trat die Nachfolge von Jobs an. Cooks tiefes Verständnis der Betriebsabläufe und der Unternehmenskultur von Apple in Verbindung mit seinen Bemühungen, Kontinuität zu wahren und gleichzeitig seinen eigenen Führungsstil einzuführen, ermöglichten einen reibungslosen Übergang. Unter Cook setzte Apple seinen Innovations- und Wachstumskurs fort und ist ein Beispiel für eine effektive Nachfolgeplanung.

Eine weitere Erfolgsgeschichte ist die Ernennung von Satya Nadella zum CEO von Microsoft als Nachfolger von Steve Ballmer. Nadella, eine langjährige Microsoft-Führungskraft, setzte einen neuen Schwerpunkt auf Cloud Computing und KI und belebte das Wachstum des Unternehmens neu. Seine Beförderung aus den eigenen Reihen sorgte für Kontinuität und nutzte sein umfassendes Verständnis der Microsoft-Kultur und -Herausforderungen.

Ein Beispiel für eine misslungene Nachfolgeplanung sind die Erfahrungen von General Electric (GE) nach Jack Welch. Als Jeff Immelt das Unternehmen übernahm, hatte GE mit der Nachfolge zu kämpfen und sah sich mit einem wirtschaftlichen Abschwung und einer sich verändernden Geschäftslandschaft konfrontiert. Der Rückgang der Aktienkurse und der finanziellen Leistung des Unternehmens warf Fragen über die Effektivität der Nachfolgeplanung auf. Der Übergang machte deutlich, wie wichtig es ist, sicherzustellen, dass die Vision des Nachfolgers mit den Zielen und der Kultur des Unternehmens übereinstimmt.

Hewlett-Packard (HP) stand ebenfalls vor zahlreichen Nachfolgeproblemen, die durch eine Reihe von CEOs mit kurzer Amtszeit gekennzeichnet waren und zu strategischer Instabilität und einem Rückgang der Arbeitsmoral führten. Die häufigen Führungswechsel, an denen oft externe Mitarbeiter beteiligt waren, die die Kultur und das Geschäftsmodell von HP nicht ausreichend verstanden, führten zu strategischen Fehlentscheidungen und Leistungsproblemen.

Aus diesen Beispielen wird deutlich, dass eine erfolgreiche Nachfolgeplanung die Übereinstimmung zwischen der Vision des Nachfolgers und den langfristigen Zielen und der Kultur des Unternehmens voraussetzt. Eine Beförderung aus den eigenen Reihen kann vorteilhaft sein, da sie Kontinuität gewährleistet und das tiefgreifende Verständnis des Nachfolgers für das Unternehmen ausnutzt. Die strategische Eignung des Nachfolgers, der in der Lage ist, aktuelle und künftige Herausforderungen der Branche zu bewältigen, ist ebenfalls von entscheidender Bedeutung, ebenso wie die Tatsache, dass dem Nachfolger genügend Zeit für die Vorbereitung und den Übergang in die Rolle eingeräumt wird.

Umgekehrt ist eine erfolglose Nachfolgeplanung oft darauf zurückzuführen, dass der Stil oder die Vision des Nachfolgers nicht mit der bestehenden Unternehmenskultur oder der strategischen Ausrichtung übereinstimmt. Schnelle Wechsel in der Führung können zu Verwirrung und Instabilität führen. Außerdem kann es sich als nachteilig erweisen, wenn man sich ausschließlich auf den Erfolg der Vergangenheit verlässt, ohne die besonderen Herausforderungen der Zukunft zu berücksichtigen.

Das angestrebte Erbe einer Führungskraft spielt oft eine wichtige Rolle bei der Gestaltung ihres Ansatzes zur Nachfolgeplanung. Das Vermächtnis, das eine Führungskraft hinterlassen möchte, spiegelt ihre Werte, ihre Leistungen und den Einfluss wider, den sie auf das Unternehmen haben möchte. Dies beeinflusst nicht nur die Wahl des Nachfolgers, sondern auch die Art und Weise, wie die Organisation auf diesen Übergang vorbereitet wird.

Führungskräfte, die sich auf nachhaltiges Wachstum und Innovation konzentrieren, suchen vielleicht nach Nachfolgern, die vorausschauend denken und in der Lage sind, sich auf künftige Herausforderungen einzustellen. Sie könnten sich darauf konzentrieren, Personen zu finden und zu fördern, die ein ausgeprägtes Verständnis für neue Markttrends und technologische Fortschritte mitbringen. Für diese Führungskräfte bedeutet die Nachfolgeplanung, eine Kultur der kontinuierlichen Verbesserung und Anpassungsfähigkeit zu schaffen.

Umgekehrt wird eine Führungskraft, deren Vermächtnis sich auf Stabilität und die Beibehaltung von Grundwerten konzentriert, wahrscheinlich einen Nachfolger suchen, der diese Prinzipien verkörpert. Bei der Nachfolgeplanung wird möglicherweise mehr Wert auf die Beibehaltung bewährter Praktiken, die Aufrechterhaltung der Organisationskultur und die Gewährleistung eines reibungslosen, ununterbrochenen Betriebs gelegt. Der Schwerpunkt liegt hier auf der Kontinuität und der Bewahrung dessen, was für die Organisation erfolgreich gewesen ist.

Führungskräfte, die Wert auf Mentoring und Mitarbeiterentwicklung legen, könnten ihre Nachfolgeplanung auf die Identifizierung und Förderung interner Talente ausrichten. Sie könnten starke Programme zur Entwicklung von Führungskräften einrichten, potenzielle Nachfolger betreuen und Wege für den internen Aufstieg schaffen. Dieser Ansatz stellt sicher, dass das Unternehmen weiterhin Führungskräfte entwickelt, die mit seinen Werten und seiner Kultur verwurzelt sind.

In Fällen, in denen das Vermächtnis einer Führungskraft mit ethischer Führung und sozialer Verantwortung verbunden ist, könnte ihr Ansatz zur Nachfolgeplanung darin bestehen, Nachfolger zu finden, die starke ethische Grundsätze und ein Engagement für die soziale Verantwortung des Unternehmens zeigen. Diese Führungskräfte könnten auch darauf hinarbeiten, ethische Praktiken und soziale Verantwortung in der Unternehmenskultur zu verankern, um sicherzustellen, dass diese Werte über ihre Amtszeit hinaus bestehen bleiben.

Die Art und Weise, wie eine Führungskraft mit der Nachfolgeplanung umgeht, kann selbst Teil ihres Vermächtnisses sein. Führungskräfte, die die Nachfolgeplanung durchdacht und integrativ angehen und verschiedene Interessengruppen in den Prozess einbeziehen, können ein Vermächtnis von kooperativer und transparenter Führung hinterlassen.

Der Ansatz einer Führungskraft bei der Nachfolgeplanung wird maßgeblich von dem Erbe beeinflusst, das sie hinterlassen möchte. Ob es um die Förderung von Innovation, die Gewährleistung von Stabilität, die Entwicklung künftiger Führungskräfte, die Einhaltung ethischer Standards oder die Förderung von Inklusivität geht - das gewünschte Erbe prägt nicht nur die Wahl des Nachfolgers, sondern auch die breitere Strategie zur Vorbereitung der Organisation auf die künftige Führung. Diese Überlegungen stellen sicher, dass der Übergang mit der langfristigen Vision der Führungskraft für die Organisation und ihren Werten in Einklang steht.

Um das Vermächtnis einer Führungskraft zu definieren, muss man die dauerhafte Wirkung und den Einfluss, den sie hinterlässt, verstehen. Es geht um die dauerhaften Veränderungen, die grundlegenden Veränderungen, die eine Führungspersönlichkeit eingeleitet hat, und um den Gesamteindruck, den sie in der Organisation, bei ihren Mitarbeitern und möglicherweise sogar in der gesamten Branche oder Gemeinschaft hinterlässt.

Das Vermächtnis einer Führungskraft wird durch mehrere Schlüsselkomponenten geprägt. Entscheidend sind die Auswirkungen auf die Unternehmenskultur, einschließlich der vermittelten Werte, des geförderten Arbeitsumfelds und der aufrechterhaltenen ethischen Standards. Greifbare Geschäftserfolge und Wachstum, wie finanzielle Stabilität, Marktexpansion und Innovation, spielen ebenfalls eine wichtige Rolle. Ebenso wichtig ist die Entwicklung der Mitarbeiter - wie eine Führungskraft zur Entwicklung ihrer Teammitglieder beiträgt, Mentoring, Talententwicklung und die Schaffung von Führungsmöglichkeiten.

Ein weiteres wichtiges Element ist die von der Führungskraft festgelegte strategische Ausrichtung und wie sie die Organisation für den künftigen Erfolg positioniert. Die Art und Weise, wie eine Führungskraft mit Krisen und Rückschlägen umgeht, kann ebenfalls ihr Vermächtnis bestimmen; ein effektives Krisenmanagement, das Belastbarkeit und eine klare Entscheidungsfindung zeigt, kann einen nachhaltigen positiven

Einfluss hinterlassen. Auch die Beziehungen, die eine Führungskraft innerhalb und außerhalb der Organisation aufbaut, und ihre Fähigkeit, die Zusammenarbeit zu fördern, tragen wesentlich zu ihrem Vermächtnis bei.

Die Bedeutung des Vermächtnisses einer Führungskraft geht weit über deren Amtszeit hinaus. Es hat einen tiefgreifenden, langfristigen Einfluss auf die künftige Ausrichtung und den Erfolg der Organisation und beeinflusst, wie sie sich entwickelt und anpasst. Das Vermächtnis einer Führungskraft dient als Inspirations- und Motivationsquelle für derzeitige und künftige Mitarbeiter und setzt einen Maßstab für die Ziele und Werte des Unternehmens. Außerdem liefert es Leitlinien für die Nachfolgeplanung, die Kontinuität und reibungslose Führungsübergänge gewährleisten.

Für die Führungspersönlichkeit selbst bietet ein bedeutungsvolles Vermächtnis persönliche Erfüllung und ein Gefühl der beruflichen Leistung. Es spiegelt ihre Beiträge und den Unterschied wider, den sie gemacht haben. Über die Grenzen der Organisation hinaus kann das Vermächtnis einer Führungskraft Auswirkungen auf eine breitere Branche, Gemeinschaft oder Gesellschaft haben, insbesondere dann, wenn ihre Arbeit zu bedeutenden Fortschritten in sozialen, wirtschaftlichen oder technologischen Bereichen geführt hat.

Das Vermächtnis einer Führungskraft ist ein mehrdimensionales Konstrukt, das ihren Einfluss auf verschiedene Aspekte der Organisation und darüber hinaus zusammenfasst. Es ist von Bedeutung, weil es die künftige Entwicklung der Organisation prägt, andere inspiriert, die Nachfolgeplanung steuert und den Einfluss der Führungskraft auf eine breitere Sphäre ausdehnt und ihr berufliches Leben und ihre Beiträge kennzeichnet.

Führungskräfte spielen eine entscheidende Rolle bei der Gestaltung der Geschichte ihrer Amtszeit und ihres nachhaltigen Einflusses auf die Organisation. Die Art und Weise, wie sie sich verhalten, ihre Entscheidungen, ihre Leistungen und die Kultur, die sie fördern, tragen alle zu der Geschichte bei, die über ihre

Führung in Erinnerung bleiben wird. Diese Geschichte spiegelt nicht nur ihre Zeit an der Spitze wider, sondern beeinflusst auch die zukünftige Ausrichtung des Unternehmens.

1. Verhalten und Entscheidungsfindung: Die Entscheidungen, die eine Führungskraft trifft, und ihre Herangehensweise an die Entscheidungsfindung prägen maßgeblich ihr Vermächtnis. Führungskräfte, die konsequent Entscheidungen treffen, die mit den Werten und langfristigen Zielen der Organisation im Einklang stehen, werden wahrscheinlich für ihre strategische Weitsicht und ethische Führung in Erinnerung bleiben. Umgekehrt können Führungskräfte, deren Entscheidungen von kurzfristigen Gewinnen auf Kosten der langfristigen Stabilität geprägt sind, ein weniger günstiges Vermächtnis hinterlassen.

2. Errungenschaften und Meilensteine: Die Errungenschaften und Meilensteine, die während der Amtszeit einer Führungspersönlichkeit erreicht wurden, sind von entscheidender Bedeutung für die Darstellung ihrer Geschichte. Dazu können die Expansion des Unternehmens, die Einführung neuer Produkte oder Dienstleistungen, erfolgreiche Fusionen oder Übernahmen oder erhebliche Verbesserungen der Effizienz oder Rentabilität gehören. Solche Errungenschaften werden zu wichtigen Indikatoren für den Erfolg einer Führungskraft und den Fortschritt des Unternehmens unter ihrer Leitung.

3. Kultureller Einfluss: Der Einfluss einer Führungskraft auf die Unternehmenskultur ist ein wichtiger Aspekt ihres Vermächtnisses. Führungskräfte, die eine positive, integrative und kollaborative Kultur kultivieren, werden wahrscheinlich wegen ihres positiven Einflusses auf die Belegschaft und die allgemeine Gesundheit des Unternehmens in Erinnerung bleiben. Diejenigen, die Innovation, Lernen und Entwicklung fördern, tragen zu einem Vermächtnis von Wachstum und Anpassungsfähigkeit bei.

4. Kommunikation und Beziehungen: Die Art und Weise, wie Führungskräfte kommunizieren, und die Beziehungen, die sie sowohl innerhalb als auch außerhalb der Organisation aufbauen, sind entscheidend. Führungskräfte, die effektiv kommunizieren und starke Beziehungen zu Mitarbeitern, Interessengruppen und der breiteren Öffentlichkeit aufbauen, hinterlassen in der Regel ein Vermächtnis von Vertrauen und Respekt.

5. Krisenmanagement: Die Art und Weise, wie eine Führungskraft mit Krisen umgeht, kann ihre Geschichte entscheidend prägen. Führungspersönlichkeiten, die Herausforderungen effektiv meistern und dabei Belastbarkeit, Anpassungsfähigkeit und einen klaren Kopf beweisen, bleiben oft wegen ihrer Stärke und Fähigkeit in schwierigen Zeiten in Erinnerung.

6. Mentoring und Entwicklung: Führungspersönlichkeiten, die in die Betreuung und Entwicklung ihrer Mitarbeiter investieren, tragen zu einem Vermächtnis des Wachstums und der Befähigung bei. Indem sie sich auf die Entwicklung von Talenten konzentrieren, stärken sie nicht nur das Unternehmen, sondern sorgen auch dafür, dass ihr Einfluss durch die von ihnen geförderten Führungskräfte bestehen bleibt.

7. Vision und Ausrichtung: Die Vision und die strategische Ausrichtung, die eine Führungspersönlichkeit für ihr Unternehmen vorgibt, spielen eine wichtige Rolle bei der Bestimmung ihres Vermächtnisses. Führungspersönlichkeiten, die eine klare, überzeugende Vision vorgeben und die Organisation effektiv darauf ausrichten, hinterlassen eine Geschichte von zielgerichteter und visionärer Führung.

Die Geschichte der Amtszeit einer Führungskraft und ihres Einflusses auf die Organisation wird durch ihr Verhalten, ihre Entscheidungsfindung, ihre Leistungen, ihren kulturellen Einfluss, ihre Kommunikationsfähigkeiten, ihr

Krisenmanagement, ihren Fokus auf Mentorenschaft und Entwicklung und die von ihnen gesetzte Vision geprägt. Diese Elemente zusammen bestimmen, wie eine Führungskraft in Erinnerung bleiben wird und welchen dauerhaften Einfluss sie auf den weiteren Weg der Organisation haben wird. Die wirksame Kommunikation der Leistungen einer Führungskraft und der während ihrer Amtszeit gewonnenen Erkenntnisse ist aus mehreren Gründen von entscheidender Bedeutung und spielt sowohl für das Vermächtnis der Führungskraft als auch für das des Unternehmens eine wichtige Rolle. Bei dieser Kommunikation geht es nicht nur darum, Erfolge zu feiern, sondern auch darum, den Weg, die überwundenen Herausforderungen, die angewandten Strategien und die gewonnenen Erkenntnisse darzustellen, die alle einen nachhaltigen Einfluss auf die Organisation haben können.

Die Kommunikation der Leistungen einer Führungskraft dient der Anerkennung und Validierung ihrer Bemühungen und Beiträge. Sie hebt die positiven Veränderungen und Fortschritte hervor, die unter ihrer Führung erzielt wurden, und unterstreicht ihre Rolle beim Vorantreiben der Organisation. Diese Anerkennung kann eine Quelle der Motivation und Inspiration für die gesamte Organisation sein und einen Maßstab für das Erreichbare setzen.

Die Weitergabe der Erfahrungen, die während der Amtszeit einer Führungskraft gemacht wurden, ist von unschätzbarem Wert für das Lernen und Wachstum einer Organisation. Sie bietet Einblicke in das, was gut funktioniert hat und was nicht, und damit wertvolle Lernmöglichkeiten für aktuelle und zukünftige Führungskräfte. Das Verständnis der Strategien, die zum Erfolg geführt haben, sowie das Eingeständnis von Fehlern und deren Bewältigung können die künftige Entscheidungsfindung und strategische Planung beeinflussen.

Diese Kommunikation spielt auch eine Rolle bei der Gestaltung der Organisationskultur. Durch die offene Diskussion von Erfolgen und Erfahrungen fördert die Organisation eine Kultur der Transparenz, des Lernens und der kontinuierlichen Verbesserung.

Sie fördert ein Umfeld, in dem Wissen geteilt wird, Erfolge gefeiert werden und das Lernen aus Fehlern geschätzt wird.

Eine wirksame Kommunikation über die Amtszeit einer Führungskraft und ihren Einfluss kann den Ruf der Organisation sowohl intern als auch extern verbessern. Sie trägt dazu bei, den Erfolg der Organisation, ihre Widerstandsfähigkeit und die Effektivität ihrer Führung zu vermitteln, was für potenzielle Mitarbeiter, Investoren und Partner attraktiv sein kann.

Für die Mitarbeiter kann es ermutigend sein, den Weg und die Erfolge ihrer Führungskraft zu verstehen. Es kann ein Gefühl der gemeinsamen Leistung und des Stolzes auf den eigenen Beitrag zu diesen Erfolgen vermitteln. Es trägt auch dazu bei, die Mitarbeiter mit der Vision und den Zielen der Organisation in Einklang zu bringen, da sie ein klareres Verständnis für die Richtung gewinnen, in die sich die Organisation bewegt.

Die Kommunikation der Leistungen einer Führungskraft und der daraus gezogenen Lehren ist wichtig, um die Beiträge der Führungskraft anzuerkennen und zu würdigen, das Lernen in der Organisation zu fördern, die Kultur zu gestalten, den Ruf der Organisation zu verbessern und die Mitarbeiter zu stärken. Sie fasst nicht nur die Erfolge, sondern auch die Herausforderungen und das Wachstum zusammen und bietet so einen ganzheitlichen Überblick über das Wirken der Führungskraft und schafft eine Grundlage für künftige Führungsaufgaben und den Erfolg der Organisation. Lassen Sie uns noch einmal die Geschichten unserer bemerkenswerten Beispiele hören.

Indra Nooyi, ehemalige CEO von PepsiCo: Indra Nooyis Amtszeit als CEO von PepsiCo ist ein Zeugnis für transformative Führung. Nooyi gestaltete das Portfolio von PepsiCo um und lenkte das Unternehmen in Richtung gesündere Produkte und Nachhaltigkeit. Ihre "Performance with Purpose"-Initiative zielte nicht nur auf den finanziellen Erfolg, sondern auch auf einen gesellschaftlichen Beitrag ab. Dazu gehörten Produktinnovationen zur Reduzierung von Zucker und Fett, Bemühungen zur Verringerung des CO_2-Fußabdrucks des

Unternehmens sowie Initiativen zur Förderung von Frauen und Minderheiten. Nooyis Vision ging über die unmittelbaren Geschäftsergebnisse hinaus und umfasste auch weitergehende Auswirkungen auf Gesundheit, Umwelt und Gesellschaft. Ihr Vermächtnis ist geprägt von einem ausgewogenen Verhältnis zwischen kühnen strategischen Veränderungen und einem Engagement für die soziale Verantwortung von Unternehmen. Damit hat sie neu definiert, was es bedeutet, ein globales Unternehmen im 21.

Mary Barra, CEO von General Motors (GM): Mary Barra, die 2014 zum CEO von GM ernannt wurde, hat maßgeblich dazu beigetragen, das Unternehmen durch bedeutende Veränderungen und Herausforderungen in der Branche zu führen. Ihre Führung war geprägt von einem Engagement für Innovation, insbesondere im Bereich der Elektrofahrzeuge und der autonomen Technologie, was einen bedeutenden Wandel in der Strategie von GM signalisiert. Barras Fokus auf technologischen Fortschritt in Verbindung mit ihrer Betonung von Sicherheit und Qualität hat dazu beigetragen, das Image und die Wettbewerbsfähigkeit von GM wiederzubeleben. Sie steuerte das Unternehmen auch durch Rückrufe und Sicherheitsprobleme und bewies dabei Transparenz und einen Fokus auf die Sicherheit der Kunden. Ihr Führungsstil, der sich durch beständiges, entschlossenes Handeln und einen vorausschauenden Ansatz auszeichnet, hat GM als führendes Unternehmen in der sich wandelnden Automobilindustrie positioniert. Barras Vermächtnis bei GM ist das der Transformation, der Widerstandsfähigkeit und der Vorbereitung eines traditionellen Automobilherstellers auf den Wettbewerb in der Zukunft der Mobilität.

Sowohl Indra Nooyi als auch Mary Barra sind ein Beispiel dafür, wie einflussreiche Vermächtnisse durch visionäre Führung, ein Engagement für umfassendere gesellschaftliche und ökologische Ziele und die Fähigkeit, komplexe Herausforderungen zu meistern und gleichzeitig große Organisationen in Richtung Zukunftsfähigkeit zu lenken, aufgebaut werden. Ihr Vermächtnis definiert sich nicht nur durch den finanziellen Erfolg ihrer Unternehmen, sondern auch durch ihre transformative Wirkung auf die Unternehmenslandschaft und ihre Beiträge zu dringenden globalen Herausforderungen.

Mit dem Ende der Amtszeit von Führungskräften endet nicht zwangsläufig auch ihr Einfluss in ihren Bereichen und Organisationen. Vielmehr kann ihr Einfluss weiterhin nachhallen und die künftige Entwicklung ihrer Branchen und der von ihnen geleiteten Organisationen prägen. Dieser anhaltende Einfluss ist ein Beweis für ihre Führungsqualitäten und das Erbe, das sie hinterlassen haben.

Führungskräfte können ihren Bereich und ihre Organisationen auch nach ihrer Amtszeit auf verschiedene Weise beeinflussen:

Auch nach ihrem Ausscheiden können Führungskräfte als Mentoren oder Berater tätig bleiben. Ihre Erfahrung und Weisheit können die nächste Generation von Führungskräften leiten, indem sie Einblicke und Ratschläge geben, die auf jahrelanger Erfahrung beruhen. Diese Mentorenschaft kann ein wirkungsvolles Instrument sein, um die zukünftigen Führungskräfte einer Organisation oder Branche zu formen.

Viele Führungspersönlichkeiten beeinflussen ihr Fachgebiet weiterhin durch ihre Vordenkerrolle. Sie können Bücher oder Artikel schreiben oder auf Branchenveranstaltungen sprechen und ihr Wissen und ihre Erkenntnisse weitergeben. Indem sie sich an der breiteren Diskussion in ihrem Bereich beteiligen, können sie weiterhin Branchentrends und bewährte Verfahren mitgestalten.

Ehemalige Führungskräfte werden oft in den Vorstand von Organisationen berufen, wo sie weiterhin einen strategischen Einfluss ausüben können. Ihr tiefes Verständnis der Branche und der spezifischen Herausforderungen, mit denen sie konfrontiert ist, kann bei der Ausrichtung der Unternehmensstrategien und -politik von unschätzbarem Wert sein. Einige Führungskräfte kanalisieren ihren Einfluss in der Philanthropie oder in der Lobbyarbeit, indem sie Ursachen oder Initiativen in ihrem Bereich unterstützen. Dies kann die Gründung von Stiftungen, die Unterstützung von Forschungsprojekten oder das Eintreten für politische Veränderungen umfassen. Auf diese Weise können sie weiterhin einen bedeutenden Einfluss auf Themen ausüben, die ihnen am Herzen liegen.

Die Netzwerke, die Führungskräfte im Laufe ihrer Karriere aufbauen, können als Plattformen für einen kontinuierlichen Einfluss dienen. Indem sie diese Beziehungen pflegen, können sie weiterhin am Puls der Branche bleiben und durch die von ihnen geförderten Verbindungen und Kooperationen Einfluss nehmen. Führungspersönlichkeiten, die in ihrem Bereich innovativ waren, können weiterhin durch Forschung, Beratung oder sogar durch die Gründung neuer Unternehmen einen Beitrag leisten. Ihr fortgesetztes Engagement für Innovationen kann die Richtung ihres Fachgebiets beeinflussen, lange nachdem sie ihre formale Führungsrolle aufgegeben haben.

Das Ende einer formellen Führungsrolle bedeutet nicht das Ende des Einflusses einer Führungskraft. Durch Mentorenschaft, Vordenkerrolle, Vorstandsmitgliedschaft, Philanthropie, Befürwortung, Vernetzung und fortgesetzte Innovation können Führungskräfte weiterhin einen tiefgreifenden Einfluss auf ihre Organisationen und Bereiche ausüben. Durch ihre fortlaufenden Beiträge können sie sicherstellen, dass ihr Vermächtnis fortbesteht und ihre Erkenntnisse auch weiterhin die Zukunft prägen.

Schlussfolgerung

Zum Abschluss unserer Erkundung des Themas Führung wird deutlich, dass die Essenz effektiver Führung in einem nuancierten Verständnis ihres vielschichtigen Charakters liegt. Diese Reise durch verschiedene Aspekte der Führung hat gezeigt, dass die wahre Wahrheit der Führung weitaus komplexer ist, als es die traditionellen Erzählungen oft vermuten lassen.

Führung ist kein linearer Weg zum Erfolg; es geht darum, sich in einer Landschaft voller ethischer Dilemmata, Machtdynamik, persönlicher Herausforderungen und Organisationspolitik zurechtzufinden. Die wirkliche Wahrheit der Führung umfasst die Fähigkeit, die eigene Vision und die kollektiven Ziele der Organisation in Einklang zu bringen, verantwortungsvoll mit der Macht umzugehen und gleichzeitig das Wachstum anderer zu fördern und Entscheidungen zu treffen, die sowohl ethisch fundiert als auch strategisch klug sind.

Wir haben gesehen, wie effektive Führungskräfte durch die Feinheiten der Büropolitik und die Feinheiten der Vorstandsdynamik manövrieren. Sie nutzen nicht nur die positiven Seiten von Charisma und transformationaler Führung, sondern erkennen auch deren potenzielle Fallstricke und gehen damit um. Führungskräfte stehen vor der gewaltigen Aufgabe, unpopuläre Entscheidungen zu treffen, sich in ethischen Grauzonen zurechtzufinden und ein Vermächtnis aufzubauen, während sie gleichzeitig mit der Wahrnehmung und Realität ihrer öffentlichen Person umgehen.

Aus unserer Untersuchung ergeben sich wichtige Lehren: die Bedeutung der Anpassungsfähigkeit, die Notwendigkeit einer ethischen Grundlage, die Macht einer transparenten Kommunikation und der Wert von Inklusivität und Vielfalt bei der Entscheidungsfindung. Die Bedeutung der Nachfolgevorbereitung und die Auswirkungen der Amtszeit einer

Führungskraft auf die Zukunft einer Organisation verdeutlichen die langfristige Verantwortung, die Führungskräfte tragen.

Mit Blick auf die Zukunft sind die aus dem Verständnis der Realpolitik der Führung gewonnenen Erkenntnisse von unschätzbarem Wert für die Gestaltung künftiger Führungskräfte. Aufstrebende Führungskräfte können auf diese Lehren zurückgreifen, um eine ganzheitlichere, realistischere Sichtweise der Führung zu entwickeln. Dieses Verständnis versetzt sie in die Lage, die Komplexität ihrer Aufgaben besser zu bewältigen und mit Sinn für Zielsetzung, Pragmatismus und ethischer Verantwortung zu führen.

Künftige Führungskräfte, die die Vielschichtigkeit von Führung erkennen, werden besser auf die Herausforderungen einer zunehmend komplexen und dynamischen Welt vorbereitet sein. Sie werden geschickter darin sein, konkurrierende Anforderungen auszubalancieren, widerstandsfähiger gegenüber Widrigkeiten und besser in der Lage, mit Integrität und Weitsicht zu führen.

Die Reise durch die wahre Wahrheit der Führung bestätigt, dass effektive Führung nicht nur bedeutet, Ziele zu erreichen und Teams zum Erfolg zu führen. Es geht darum, dies auf eine Art und Weise zu tun, die verantwortungsvoll, ethisch und nachhaltig ist. Es geht darum, der Organisation und ihren Mitarbeitern einen positiven Stempel aufzudrücken und die Voraussetzungen dafür zu schaffen, dass künftige Generationen von Führungskräften erfolgreich sein können. Dieser ganzheitliche, fundierte Ansatz zur Führung wird in den kommenden Jahren erfolgreiche Führungskräfte und Organisationen prägen.

Beim Nachdenken über die wichtigsten Themen, die in diesem Buch behandelt werden, wird deutlich, dass es einen deutlichen Kontrast zwischen der traditionellen Führungstheorie und den realen Erfahrungen von Führungskräften in verschiedenen Organisationen gibt. Diese Untersuchung hat ein Licht auf die Komplexität und die Nuancen der Führung geworfen, die in den konventionellen Erzählungen über Führung oft unberücksichtigt bleiben.

Nachdem wir uns mit der Realität der Büropolitik befasst haben, haben wir festgestellt, dass der Erfolg in der Unternehmenswelt oft nicht nur von den Verdiensten abhängt, sondern dass es darum geht, die unausgesprochene Machtdynamik zu verstehen und zu steuern und strategische Allianzen aufzubauen. Dies steht im Gegensatz zu der idealistischen Sichtweise eines leistungsorientierten Aufstiegs, wie er in traditionellen Führungstheorien oft dargestellt wird.

Das Buch befasst sich auch mit dem Konzept der "Kunst des Krieges" in der Vorstandsetage und beleuchtet die strategische Nutzung von Informationen und die Feinheiten des Umgangs mit Konflikten und Machtkämpfen. Diese realen Taktiken unterscheiden sich deutlich von den eher weichgespülten Versionen der Konfliktlösung, die in typischen Führungsmodellen vorgestellt werden.

In unserer Erzählung wurden auch verschiedene Führungsstile untersucht, darunter die charismatische Führungspersönlichkeit, und es wurde deutlich, dass ihre Anwendung in der Praxis oft mit Risiken und Herausforderungen verbunden ist, die in theoretischen Modellen nicht vollständig erfasst werden. Die Diskussion erstreckte sich auch auf die schwierige Aufgabe, unpopuläre Entscheidungen zu treffen, bei denen Führungskräfte ethische Erwägungen mit praktischen Erfordernissen in Einklang bringen müssen - ein Szenario, das in traditionellen Führungsparadigmen oft zu stark vereinfacht wird.

Ethik und Moral in der Führung wurden unter die Lupe genommen, insbesondere im Kontext von Grauzonen, in denen Führungskräfte den schmalen Grat zwischen Idealismus und Pragmatismus überwinden müssen. Dies ist weit entfernt von den klar umrissenen ethischen Szenarien, die in der herkömmlichen Führungsliteratur dargestellt werden.

Das Phänomen der Verehrung von Führungskräften und seine Auswirkungen auf die Organisationskultur und die Entscheidungsfindung waren ein weiteres zentrales Thema. Es wurde unterstrichen, wie übermäßige Verehrung für eine Führungskraft zu einer Reihe von organisatorischen

Herausforderungen führen kann - ein Thema, das in traditionellen Diskussionen über Führung oft übersehen wird. Wir untersuchten die Nachfolgeplanung und betonten, wie wichtig es ist, Führungswechsel so vorzubereiten, dass die Stabilität der Organisation erhalten bleibt und das Erbe der scheidenden Führungskräfte respektiert wird.

Das Buch hat den oft krassen Gegensatz zwischen der traditionellen Führungstheorie und der Realität, mit der Führungskräfte in der realen Welt konfrontiert sind, aufgezeigt. Durch die Erforschung dieser Themen bietet das Buch eine ganzheitlichere, pragmatischere Sicht auf die Führung und bietet Einblicke, die die Kluft zwischen Theorie und Praxis überbrücken. Dieser umfassende Ansatz ermöglicht es aktuellen und angehenden Führungskräften, die Komplexität ihrer Aufgaben mit einem tieferen Verständnis und einer fundierteren Perspektive zu bewältigen.

In diesem Buch werden die Mythen über Führung im Vergleich zur Realität systematisch entlarvt und durch fundiertere, realistischere Perspektiven ersetzt. Diese Überlegungen bieten entscheidende Einblicke für alle, die die Komplexität von Führung in realen Szenarien verstehen wollen.

Mythos 1: Bei der Führung geht es ausschließlich um individuelle Verdienste
Das Buch stellt den Mythos in Frage, dass Erfolg in Führungspositionen ausschließlich das Ergebnis individueller Verdienste ist. Persönliche Fähigkeiten und harte Arbeit sind zwar wichtig, aber wir haben gelernt, dass Erfolg in der Führung oft auch davon abhängt, ob man die Politik im Büro versteht und sich darin zurechtfindet, strategische Beziehungen aufbaut und sich an der Dynamik der Organisation orientiert.

Mythos 2: Führungskräfte haben immer klare, ethische Entscheidungen zu treffen

Wir haben uns mit den Grauzonen der Führung beschäftigt, insbesondere mit ethischen Entscheidungen. Die Realität sieht so aus, dass Führungskräfte oft mit komplexen Situationen konfrontiert sind, in denen die "richtige" Entscheidung nicht eindeutig ist. Ethische Erwägungen mit den Unternehmenszielen in Einklang zu bringen, erfordert ein differenziertes Denken und oft schwierige Abwägungen.

Mythos 3: Effektive Führung hat mit Charisma zu tun

Charisma kann zwar ein mächtiges Instrument für Führungskräfte sein, aber das Buch zeigt auch seine möglichen Fallstricke auf. Charismatische Führung ohne Kontrolle und Gegengewicht kann zu blinden Flecken und einem Mangel an unterschiedlichen Perspektiven führen. Effektive Führung erfordert mehr als nur persönlichen Charme, sondern auch strategisches Denken, emotionale Intelligenz und die Fähigkeit, eine kollaborative und integrative Kultur zu fördern.

Mythos 4: Führungskräfte haben immer die Kontrolle

Die Vorstellung, dass Führungskräfte immer die Kontrolle haben und über alle Antworten verfügen, wurde entlarvt. Führung in der realen Welt bedeutet, mit Ungewissheiten umzugehen, sich an unerwartete Veränderungen anzupassen und oft Entscheidungen mit unvollständigen Informationen zu treffen. Es geht um Widerstandsfähigkeit, Anpassungsfähigkeit und die Fähigkeit, durch Mehrdeutigkeit zu führen.

Mythos 5: Erfolg in der Führung wird ausschließlich durch Geschäftsergebnisse definiert

Obwohl die Geschäftsergebnisse wichtig sind, wird in diesem Buch betont, dass der Erfolg einer Führungskraft auch an ihrem Einfluss auf die Unternehmenskultur, die Mitarbeiterentwicklung und die ethischen Standards gemessen wird. Eine wirklich erfolgreiche Führungskraft erreicht nicht nur die Unternehmensziele, sondern trägt auch zum Wachstum und Wohlbefinden ihres Teams und der Gemeinschaft im Allgemeinen bei.

Mythos 6: Die Verehrung von Führungskräften ist ein Zeichen von Erfolg

Das Phänomen der Verehrung von Führungspersönlichkeiten wurde kritisch untersucht, wobei die Risiken und Herausforderungen, die es für die Gesundheit der Organisation mit sich bringt, herausgestellt wurden. Zu einer wirksamen Führung gehört es, eine Kultur der geteilten Verantwortung und der gemeinsamen Entscheidungsfindung zu kultivieren, anstatt eine Kultur zu fördern, die sich zu sehr auf eine einzelne Person verlässt.

Indem es diese Mythen aufgreift und entlarvt, vermittelt das Buch ein umfassenderes und realistischeres Verständnis von Führung. Es betont die Komplexität, die Herausforderungen und die Vielschichtigkeit einer effektiven Führung in der dynamischen Welt von heute. Dieses Verständnis ist von unschätzbarem Wert für derzeitige und angehende Führungskräfte, die ihre Rolle mit einer tieferen, nuancierteren Perspektive wahrnehmen wollen.

Die kritischen Diskussionen über Ethik und Moral in der Führung, wie sie in diesem Buch geführt werden, unterstreichen ihre überragende Bedeutung in der komplexen Landschaft der modernen Führung. Trotz der inhärenten Herausforderungen und Grauzonen ist die Betonung ethischer Führung entscheidend für den langfristigen Erfolg und die Integrität sowohl der Führungskräfte als auch ihrer Organisationen.

- Das ethische Geflecht der Entscheidungsfindung: Das Buch geht der Frage nach, wie ethische Überlegungen in die Entscheidungsfindung von Führungskräften eingeflochten sind. Es hebt hervor, dass die richtigen Entscheidungen nicht immer eindeutig sind, dass es aber die Aufgabe von Führungskräften ist, durch diese Komplexität zu navigieren, um Entscheidungen zu treffen, die nicht nur effektiv, sondern auch ethisch fundiert sind. Dazu gehört es, die Ziele der Organisation mit moralischen Erwägungen in Einklang zu bringen und die Auswirkungen ihrer Entscheidungen auf die Beteiligten und die Gesellschaft zu verstehen.

- Navigieren durch ethische Dilemmata: Führungskräfte sind häufig mit Situationen konfrontiert, in denen sie konkurrierende Interessen und Werte abwägen müssen. Das Buch unterstreicht, wie wichtig es ist, diese Dilemmata mit einem Rahmen zu bewältigen, der Fairness, Transparenz und die langfristigen Auswirkungen von Handlungen berücksichtigt. Es zeigt, dass ethische Führung nicht nur die Einhaltung von Gesetzen und Vorschriften beinhaltet, sondern auch die Verpflichtung zu höheren ethischen Standards.

- Die Rolle der persönlichen Integrität: Persönliche Integrität wird als ein Eckpfeiler ethischer Führung hervorgehoben. Führungskräfte werden ermutigt, mit gutem Beispiel voranzugehen und in ihrem Handeln Ehrlichkeit, Verantwortlichkeit und ethisches Verhalten zu zeigen. Dieses Engagement für persönliche Integrität schafft nicht nur Vertrauen innerhalb der Organisation, sondern setzt auch einen moralischen Maßstab, an dem sich andere orientieren können.

- Auswirkungen auf die Organisationskultur: Die Diskussionen machen deutlich, dass der Ansatz der Führungskraft in Bezug auf Ethik die Organisationskultur erheblich beeinflusst. Führungskräfte, die ethischen Überlegungen Vorrang einräumen, tragen zur Förderung einer Kultur der Integrität und Verantwortung bei. Dies wiederum kann zu einer engagierteren, loyaleren und ethisch bewussten Belegschaft führen.

- Herausforderungen bei der Aufrechterhaltung der Ethik: Das Buch scheut sich nicht, die Herausforderungen anzusprechen, denen sich Führungskräfte bei der konsequenten Einhaltung ethischer Standards gegenübersehen. Es räumt ein, dass sie unter dem Druck kurzfristiger Gewinne oder unter Wettbewerbsdruck ethische Kompromisse eingehen müssen. Es wird jedoch argumentiert, dass das wahre Maß an Führung darin besteht, ethische Standards aufrechtzuerhalten, selbst wenn dies schwierig oder unbequem ist.

- Ethik als strategischer Imperativ: Schließlich vertritt das Buch die Ansicht, dass Ethik nicht als Einschränkung, sondern als strategischer Imperativ betrachtet werden sollte. Ethische Führung kann den Ruf eines Unternehmens verbessern, nachhaltige Beziehungen zu Kunden und Partnern fördern und Risiken mindern.

Die kritischen Diskussionen über Ethik und Moral in diesem Buch unterstreichen deren wesentliche Rolle in der Führung. Trotz der Komplexität und der Grauzonen, die das moderne Geschäftsumfeld mit sich bringt, wird die Einhaltung ethischer Standards als unverzichtbar für Führungskräfte dargestellt, die effektiv führen und einen positiven und dauerhaften Einfluss auf ihre Organisationen und die Gesellschaft ausüben wollen.

Zum Abschluss möchte ich Sie, den Leser, ermutigen, Ihre eigenen Führungserfahrungen im Lichte der in diesem Buch dargestellten Erkenntnisse zu reflektieren. Diese Reflexion ist eine Gelegenheit, ein tieferes persönliches Verständnis Ihres Führungsstils, Ihrer Herausforderungen und der Auswirkungen, die Sie auf Ihre Organisation und deren Mitarbeiter haben, zu fördern.

Denken Sie an die Feinheiten der Büropolitik, an ethische Dilemmata und an die Feinheiten der Entscheidungsfindung, die Ihnen begegnet sind. Wie haben Sie diese gemeistert? Überlegen Sie, wie Ihre Handlungen und Entscheidungen mit den Grundsätzen ethischer Führung übereinstimmen und was Sie vielleicht anders gemacht hätten.

Denken Sie an die Kultur, die Sie mitgestaltet haben. Haben Sie durch Ihr Handeln ein Umfeld der Inklusion, des Lernens und der Integrität gefördert? Wie sind Sie mit der Komplexität von Machtdynamik und Konfliktlösung in Ihrem Team oder Ihrer Organisation umgegangen?

Überdenken Sie Ihren Ansatz für Mentoring und Nachfolgeplanung. Haben Sie Ihr Team oder Ihre Organisation auf künftige Führungswechsel vorbereitet? Wie haben Sie zur Entwicklung künftiger Führungskräfte beigetragen?

Denken Sie auch an Ihr Vermächtnis als Führungskraft. Welchen bleibenden Einfluss hoffen Sie in Ihrer derzeitigen Funktion zu hinterlassen? Wie tragen Sie durch Ihr tägliches Handeln zu diesem Vermächtnis bei?

Nutzen Sie diese Überlegungen als Werkzeug für Ihr Wachstum. Führung ist eine Reise, eine Reise, die sich ständig weiterentwickelt. Die Erkenntnisse aus diesem Buch können Ihnen als Leitfaden dienen, der Ihnen hilft, diese Reise mit einem tieferen Verständnis und einem Engagement für effektive, ethische und transformative Führung zu bewältigen.

Denken Sie daran, dass das wahre Wesen der Führung nicht nur im Erreichen von Zielen liegt, sondern in der Wirkung, die Sie auf das Leben der von Ihnen geführten Personen, das Wohlergehen der Organisation und die breitere Gemeinschaft haben. Ihr Weg als Führungskraft, mit all seinen Herausforderungen und Triumphen, trägt zu dieser nachhaltigen Wirkung bei.

Die in diesem Buch aufgedeckten Wahrheiten dienen als wichtige Ressource für angehende Führungskräfte, um sie auf die vielschichtigen Realitäten von Führungsaufgaben in der modernen Welt vorzubereiten. Indem das Buch die verschiedenen Aspekte von Führung über die Oberfläche hinaus untersucht, vermittelt es künftigen Führungskräften ein umfassenderes, realistischeres Verständnis davon, was es bedeutet, effektiv zu führen.

Eine der wichtigsten Erkenntnisse für angehende Führungskräfte ist die Anerkennung der Komplexität von Führung. Das Buch räumt mit simplen Vorstellungen über Führung auf und zeigt die komplizierte Balance von Fähigkeiten, emotionaler Intelligenz, strategischem Denken und ethischer Entscheidungsfindung auf. Dieses Verständnis ist für angehende Führungskräfte von entscheidender Bedeutung, um ihre Rolle mit der nötigen Tiefe und Ernsthaftigkeit anzugehen.

Durch die Hervorhebung der Bedeutung von Büropolitik und Machtdynamik bereitet das Buch angehende Führungskräfte auf die Realitäten des Organisationslebens vor. Das Verständnis dieser Dynamiken ist entscheidend für eine effektive Navigation und Entscheidungsfindung innerhalb der Unternehmenswelt, und das Buch bietet Einblicke in den geschickten Umgang mit diesen Aspekten.

Die Diskussionen über Ethik und Moral in der Führung sind besonders wichtig. Angehende Führungskräfte werden ermutigt, einen starken ethischen Kompass zu entwickeln und zu verstehen, dass ihre Entscheidungen weitreichende Auswirkungen auf verschiedene Interessengruppen und den Ruf des Unternehmens haben.

Das Buch befasst sich mit der Konfliktlösung und dem Krisenmanagement und vermittelt angehenden Führungskräften Strategien für den effektiven Umgang mit schwierigen Situationen. Die Erkenntnis, dass es bei der Führung nicht nur darum geht, durch ruhiges Fahrwasser zu steuern, sondern auch Stürme zu meistern, ist für die Vorbereitung der Führungskräfte unerlässlich.

Das Konzept des Führungsnachlasses hilft aufstrebenden Führungskräften, die langfristigen Auswirkungen ihrer Handlungen und Entscheidungen zu verstehen. Es ermutigt sie, über die unmittelbaren Erfolge hinaus zu überlegen, wie sie ihre Organisation und deren Mitarbeiter langfristig positiv beeinflussen können.

Einblicke in die Mentorenschaft und die Bedeutung der Nachfolgeplanung verdeutlichen die Rolle der Führungskräfte bei der Förderung künftiger Führungskräfte. Dieses Wissen kann aufstrebende Führungskräfte dazu inspirieren, sich um Mentoren zu bemühen und ihre Rolle in der Kontinuität der Führung innerhalb ihrer Organisation zu verstehen.

Schließlich unterstreicht das Buch die Bedeutung von kontinuierlichem Lernen und Anpassungsfähigkeit in der

Führung. So wie sich die Unternehmenslandschaft weiterentwickelt, müssen auch die Führungskräfte und ihre Strategien angepasst werden. Für aufstrebende Führungskräfte bedeutet dies eine Verpflichtung zu lebenslangem Lernen und Flexibilität.

Die in diesem Buch aufgedeckten Wahrheiten dienen als Leitfaden für aufstrebende Führungskräfte und helfen ihnen, sich in der komplexen Landschaft der modernen Führung bewusster zu bewegen, besser vorbereitet zu sein und sich für eine ethische, wirkungsvolle Führung einzusetzen.

Die Anpassung an die sich ständig verändernde Landschaft der Unternehmensführung ist eine entscheidende Fähigkeit für derzeitige und zukünftige Führungskräfte. Da sich das Geschäftsumfeld aufgrund des technologischen Fortschritts, der sich verändernden Marktdynamik und der sich wandelnden gesellschaftlichen Erwartungen weiterhin schnell verändert, müssen Führungskräfte darauf vorbereitet sein, sich mitzuentwickeln. Im Folgenden finden Sie einige Hinweise darauf, wie sich Führungskräfte effektiv anpassen können:

Das Tempo des Wandels in der heutigen Welt erfordert eine Verpflichtung zum ständigen Lernen. Führungskräfte sollten mit den Trends in ihrer Branche, den Fortschritten in der Technologie und den Veränderungen im Verbraucherverhalten Schritt halten. Dies kann durch formale Weiterbildung, die Teilnahme an Workshops und Konferenzen oder durch selbstgesteuertes Lernen geschehen.

Führungspersönlichkeiten müssen beweglich sein und schnell auf veränderte Umstände reagieren können. Das bedeutet, offen zu sein für neue Ideen, bereit zu sein, alte Strategien aufzugeben, die nicht mehr funktionieren, und den Führungsstil an neue Situationen anzupassen.

Fördern Sie eine Kultur, die Innovation und Kreativität innerhalb des Unternehmens schätzt. Führungskräfte sollten ein Umfeld schaffen, in dem sich Teammitglieder sicher fühlen, um zu experimentieren, kalkulierte Risiken einzugehen und über den Tellerrand zu schauen. In dem Maße, in dem Unternehmen den Wandel bewältigen, wird die emotionale Intelligenz von Führungskräften immer wichtiger. Die Fähigkeit, die eigenen Emotionen zu verstehen und zu steuern sowie sich in andere hineinzuversetzen, ist von entscheidender Bedeutung, wenn es darum geht, Teams durch Zeiten der Unsicherheit und des Wandels zu führen.

In einer zunehmend digitalen Welt müssen Führungskräfte technologisch versiert sein. Das Verständnis für das Potenzial digitaler Tools und Plattformen kann bei der Optimierung von Abläufen, der Verbesserung des Kundenerlebnisses und der Schaffung neuer Geschäftsmodelle helfen. Vielfalt in der Führung und in den Teams bringt eine Reihe von Perspektiven mit sich, die bei der Navigation durch komplexe und sich verändernde Landschaften unerlässlich sind. Führungskräfte sollten sich bemühen, ein integratives Umfeld zu schaffen, in dem verschiedene Stimmen gehört und geschätzt werden.

Stärkung der Widerstandsfähigkeit und Ausdauer: Veränderungen können eine Herausforderung sein, und Resilienz ist der Schlüssel zum Durchhalten und Gedeihen. Führungskräfte sollten die Resilienz sowohl bei sich selbst als auch bei ihren Teams kultivieren und sich darauf vorbereiten, Rückschlägen und Herausforderungen mit einer positiven, zukunftsorientierten Einstellung zu begegnen. Ethische Führung und soziale Verantwortung sind ebenfalls wichtig: Da sich die Erwartungen der Gesellschaft in Bezug auf die Unternehmensverantwortung weiterentwickeln, müssen Führungskräfte sicherstellen, dass ihre Unternehmen ethisch arbeiten und einen positiven Beitrag zur Gesellschaft leisten. Dazu müssen sie Entscheidungen treffen, die nicht nur rentabel, sondern auch sozial verantwortlich sind. Der Aufbau und die Pflege eines starken beruflichen Netzwerks kann Führungskräften Einblicke, Ratschläge und Unterstützung bieten. Die Vernetzung mit Gleichaltrigen, Mentoren und Branchenexperten kann neue Perspektiven eröffnen und dabei helfen, mit der breiteren Geschäftswelt in Verbindung zu bleiben.

Die Anpassung an die sich verändernde Landschaft der Unternehmensführung erfordert einen vielschichtigen Ansatz, der kontinuierliches Lernen, Agilität, Innovation, emotionale Intelligenz, digitale Kompetenz, Vielfalt und Inklusivität, Widerstandsfähigkeit, ethische Führung und strategische Vernetzung umfasst. Führungskräfte, die diese Fähigkeiten und Eigenschaften kultivieren, sind gut positioniert, um ihre Organisationen durch die Komplexität und die Chancen der modernen Geschäftswelt zu navigieren.

Der traditionelle Ansatz bei der Diskussion und Vermittlung von Führungsqualitäten dreht sich häufig um idealisierte Modelle und Theorien, die die Komplexität und die Realitäten, mit denen Führungskräfte in der modernen Geschäftswelt konfrontiert sind, nicht vollständig erfassen können. Um diese Lücke zu schließen, muss ein realistischerer und nuancierterer Ansatz für die Entwicklung von Führungskräften entwickelt werden.

1. Integrieren Sie Fallstudien aus der Praxis: Die Ausbildung von Führungskräften sollte ein breites Spektrum an Fallstudien aus der Praxis umfassen, die die Komplexität von Führungsaufgaben in der Praxis veranschaulichen. Diese Fallstudien sollten sowohl Erfolge als auch Misserfolge abdecken, um den Lernenden ein ausgewogenes Bild von den Herausforderungen und Entscheidungen zu vermitteln, mit denen Führungskräfte konfrontiert sind.

2. Fokus auf ethische Entscheidungsfindung: In Anbetracht der komplexen ethischen Herausforderungen im heutigen Geschäftsumfeld sollte bei der Führungskräfteentwicklung der Schwerpunkt auf ethische Entscheidungsfindung gelegt werden. Dazu gehört die Untersuchung von Szenarien, in denen ethische Erwägungen mit den Unternehmenszielen in Konflikt geraten, und die Vermittlung von Kenntnissen, wie Führungskräfte diese Dilemmasituationen effektiv bewältigen können.

3. Emotionale Intelligenz entwickeln: Die Ausbildung von Führungskräften sollte über die traditionellen Fähigkeiten

hinausgehen und auch die Entwicklung der emotionalen Intelligenz einschließen. Dabei geht es darum, künftigen Führungskräften beizubringen, ihre eigenen Emotionen zu verstehen und zu steuern und sich in die Emotionen anderer einzufühlen und diese zu beeinflussen.

4. Förderung des kritischen Denkens und der Anpassungsfähigkeit: Führungskräften sollte kritisches Denken und Anpassungsfähigkeit beigebracht werden, damit sie auf unerwartete Herausforderungen und Veränderungen in der Unternehmenslandschaft vorbereitet sind. Dazu gehört die Förderung einer Denkweise, die Hinterfragen, Flexibilität und kontinuierliches Lernen schätzt.

5. Hervorhebung der Bedeutung von Diversität und Inklusion: Bei der Entwicklung von Führungskräften muss die Bedeutung des Aufbaus und der Führung vielfältiger Teams betont werden. Dazu gehören das Verständnis für den Wert unterschiedlicher Perspektiven, die Förderung von Inklusivität und der Umgang mit unbewussten Vorurteilen.

6. Lehren Sie die Kunst der effektiven Kommunikation: Wirksame Kommunikation ist ein Eckpfeiler erfolgreicher Führung. Die Ausbildung von Führungskräften sollte sich auf die Entwicklung von Fähigkeiten zur klaren, überzeugenden und einfühlsamen Kommunikation über eine Vielzahl von Plattformen und Kontexten konzentrieren.

7. Einbindung von Mentoren und Coaches: Die Einbindung von Mentoren und Coaches in die Führungskräfteentwicklung kann den Lernenden wertvolle Einblicke und persönliche Beratung bieten. Erfahrene Führungskräfte können praktisches Wissen und Ratschläge weitergeben und so dazu beitragen, die Kluft zwischen Theorie und Praxis zu überbrücken.

8. Schwerpunkt auf Resilienz und psychischem Wohlbefinden: In Anbetracht des hohen Drucks, dem Führungsaufgaben ausgesetzt sind, sollte die Schulung auch die Resilienz und das

psychische Wohlbefinden ansprechen und die Führungskräfte in die Lage versetzen, mit Stress umzugehen und ein gesundes Gleichgewicht zwischen Arbeit und Privatleben zu finden.

9. Fördern Sie eine Kultur des kontinuierlichen Feedbacks und der Verbesserung: Die Entwicklung von Führungskräften sollte als fortlaufender Prozess betrachtet werden, nicht als einmaliges Ereignis. Regelmäßiges Feedback, Selbsteinschätzung und kontinuierliche Verbesserung sollten integrale Bestandteile dieses Prozesses sein.

Indem wir den Schwerpunkt der Führungsdiskussionen und -ausbildung auf diese Bereiche verlagern, können wir derzeitige und künftige Führungskräfte besser auf die Realitäten ihrer Aufgaben vorbereiten. Dieser realistischere und nuanciertere Ansatz für die Entwicklung von Führungskräften legt den Schwerpunkt auf Anpassungsfähigkeit, ethische Integrität, emotionale Intelligenz und kontinuierliches Lernen, um die Ausbildung von Führungskräften mit den Anforderungen der modernen Geschäftswelt in Einklang zu bringen.

Zum Abschluss dieser Erkundung des facettenreichen Charakters von Führung möchte ich Sie, den Leser, ermutigen und warnen. Lassen Sie sich auf die Komplexität von Führung ein und erkennen Sie, dass diese Reise ebenso herausfordernd wie lohnend ist. Führung ist nicht nur eine Position oder ein Titel; sie ist ein ständiger Prozess des Lernens, Wachsens und Anpassens.

Nehmen Sie die Herausforderungen und Chancen an, die sich Ihnen als Führungskraft bieten. Jede Schwierigkeit, der Sie begegnen, ist eine Chance, zu wachsen, und jeder Erfolg ein Moment der Inspiration. Denken Sie daran, dass es bei echter Führung nicht darum geht, alle Antworten zu haben, sondern darum, die richtigen Fragen zu stellen und sich ständig zu verbessern.

Achten Sie auf die in diesem Buch beschriebenen Fallstricke. Vermeiden Sie die Verlockung der Macht und die Isolation der Anbetung von Führungskräften. Streben Sie danach, mit ethischer

Integrität, Transparenz und dem Fokus auf das Gemeinwohl zu führen. Denken Sie daran, dass der wahre Maßstab für Ihre Führung nicht nur die Ergebnisse sind, die Sie erzielen, sondern auch die Auswirkungen, die Sie auf das Leben derer haben, die Sie führen, und das Vermächtnis, das Sie hinterlassen.

In einer Welt, in der Führung oft mit vereinfachten Erzählungen romantisiert wird, sollten Sie es wagen, ihr wahres Wesen anzunehmen. Seien Sie bereit, Grauzonen zu überwinden, schwierige Entscheidungen zu treffen und mit Einfühlungsvermögen und Verständnis zu führen. Bei der Führung geht es ebenso sehr um persönliches Wachstum wie um berufliche Leistung.

Und schließlich sollten Sie an Ihre Fähigkeit glauben, etwas zu bewirken. Ganz gleich, ob Sie Ihre Führungsrolle gerade erst angetreten haben oder schon ein erfahrener Veteran sind, Ihre Führungsrolle kann eine starke Kraft für positive Veränderungen sein. Gehen Sie Ihre Rolle mit Bescheidenheit, Mut und der Bereitschaft zu lebenslangem Lernen an. Ihre Reise als Führungskraft ist einzigartig und von unschätzbarem Wert, nicht nur für Sie selbst, sondern auch für diejenigen, die Sie führen, und für die Welt, die Sie beeinflussen.